W0176961

Über den Autor

Bernd Brucker, Jahrgang 1969, arbeitete nach dem Studium der Germanistik und Anglistik in Augsburg und der Kunstgeschichte in Vancouver, Kanada, in einer Werbeagentur im Allgäu. Seit 2002 lebt er als freier Autor und Texter in Augsburg.

BERND BRUCKER

Das Vakuum ist ein großer leerer Raum, wo der Papst wohnt

Stilblüten aus Aufsätzen
und andere Schülerweisheiten

WILHELM HEYNE VERLAG
MÜNCHEN

Quellen

Viele Zitate stammen aus der Schülernachhilfe, einige wurden von befreundeten Lehrern zur Verfügung gestellt, wieder andere kommen aus dem Internet, wo sich sowohl Schülerforen als auch diverse Sprüchesammlungen als wahre Fundgrube erwiesen.

MIX
Papier aus verantwor-
tungsvollen Quellen
FSC® C014496

Verlagsgruppe Random House FSC-DEU-0100
Das für dieses Buch verwendete
FSC®-zertifizierte Papier *Holmen Book Cream*
liefert Holmen Paper, Hallstavik, Schweden.

4. Auflage
Deutsche Originalausgabe 07/2011

Copyright © 2011 by Wilhelm Heyne Verlag, München,
in der Verlagsgruppe Random House GmbH
Printed in Germany 2012
Redaktion: Dunja Reulein
Umschlaggestaltung: Eisele Grafik-Design, München
Umschlagabbildung: © Thomas Northcut/Getty Images
Satz: C. Schaber Datentechnik, Wels
Druck und Bindung: GGP Media GmbH, Pößneck

ISBN: 978-3-453-60191-8

www.heyne.de

Inhalt

Vorwort

Wie heißt es doch so schön: Es gibt keine dummen Fragen, außer man stellt sie – und wenn man dann vor eine solche Frage gestellt ist, ist Vorstellungsvermögen gefragt. Denn die Antwort, die das Gegenüber erwartet oder sich zumindest erhofft, hat man nur in den seltensten Fällen auf Anhieb parat. Schüler werden tagtäglich mit derlei Fragen konfrontiert und vor Aufgaben gestellt, die aus ihrer Sicht oft völlig belanglos, geschweige denn zu lösen sind. Umso erstaunlicher ist es, mit welcher geistigen Flexibilität sie an die Sache herangehen und welche ganz eigenen Lösungsstrategien sie entwickeln. Strategien, die im richtigen Leben mitunter sehr hilfreich sein können, in der Schule jedoch nicht selten mit schlechten Noten bestraft werden.

Die vorliegende Sammlung von Schülerweisheiten verfolgt in erster Linie die Absicht, Ihnen ein paar vergnügliche Stunden bei der Lektüre zu bereiten.

Daneben möchte der emsige Sammler eine Lanze für all jene brechen, die durch ihre teils bewussten, teils ungewollten Glanzleistungen dieses Buch erst ermöglicht haben: die Schüler. Getreu dem Motto, dass ja noch kein Meister vom Himmel gefallen sei, begegnen sie den Herausforderungen des Schulalltags mit Kreativität und Scharfsinn. Ob Sie als Leser nun einfach nur herzhaft lachen oder an mancher Stelle einen Moment innehalten und staunen – eines ist gewiss: In unseren Kindern finden wir eine Quelle unerschöpflicher Weisheit.

BERND BRUCKER

Das weiß doch jedes Kind

Der Mensch wird frei
geboren und dann eingeschult.

Als Kind hat man gewisse Privilegien, beispielsweise das
Privileg, die Dinge so auszusprechen, wie man sie sieht oder
verstanden hat, und zwar in der Form, die aus eigener Sicht
angemessen erscheint. Doch das mit dem Verstehen ist ja
bekanntlich so eine Sache. Zwar glaubt heute niemand
mehr daran, dass die Bildung mit der Schulzeit beginnt,
man macht sich aber dennoch oft nicht bewusst, wie viel ein
Kind schon vor der Einschulung lernt. Die Welt ist noch ein
großes Geheimnis, das man ergründen möchte, und wiss-
begierig werden die Antennen ausgefahren. Die Kleinen
schnappen hier etwas auf und dort, und schon vermengen
sich die unterschiedlichsten Informationen in ihren Gehirnen
zu mehr oder weniger grandiosen Erkenntnissen.

In der Jugend lernt das Kind viel leichter als im Alter.

Ein Kind kostet 200.000 Euro, manche mehr, manche
weniger.

Bereits in der Wiege ist das Kind von der Umwelt
umgeben, die es bis ins Alter begleitet.

Ältere Menschen bestehen überwiegend aus Frauen.

Wenn man erwachsen wird, darf man nicht mehr
mit den Eltern am Tisch sitzen und ein lästiger Mitesser
sein.

Die Kranken sind männlich, sie können auf keinen Fall
Kinder bekommen.

Die Menschen wurden früher nicht so alt, obwohl sie
weniger Verkehr hatten.

Je größer die Welt ist, desto weniger Platz hat man!

Man kann ja auch als Bauer mit zehn Kindern geboren
werden.

Die Arztschwester stellt fest, ob ein Knabe gut oder
schwerhörig ist.

*Früher schickte man die Lungenkranken
ins Solarium.*

Er ist die Mutter seines Kindes.

Viele Eltern wollen, dass ihre Kinder das werden, was sie
nicht geworden sind, und sind dann enttäuscht.

Kinder werden vom Fernseher im Schlaf beschnitten.

Die Schwestern im Krankenhaus müssen sich auch bei Männern gut auskennen.

Wenn man sich einen Kaiserschnitt machen lässt, kommen die Kinder vornehmer auf die Welt.

Besonders bitter ist es, wenn man ohne Mutter auf die Welt gekommen ist.

Mamas und Papas brauchen keine Eltern mehr, deshalb werden die dann Großeltern.

Trikolore nennt man eine Frau, die drei Männer hat.

Bigamie ist, wenn man mit einer Frau nicht auskommt.

Wenn die Eltern sich nicht genügend um ihre Kinder kümmern, reißen sie große Lücken in die Seele, die nicht mehr gefüllt werden können.

Es gehören fast 600.000 Menschen den Kindererzeugnissen an.

Künftige Ehepaare werden 14 Tage lang in einem Schaukasten am Gemeindeamt ausgestellt.

Die Chirurgen und die Operationsschwestern setzen sich Masken vor Mund und Nase, damit sie nicht auch vom Narkosegas betäubt werden.

Wenn man im Urlaub seine Ruhe haben möchte, begibt man sich am besten in ein stilles Örtchen.

Heute kann jeder studieren, ohne auf den Beutel seines Vaters sehen zu müssen.

Die meisten Menschen sprechen durch den Mund. Nur vornehme Leute sprechen durch die Nase.

Viele Leute gehen gern mit altem Brot und ihren Enkelkindern zum See und füttern damit die Schwäne.

Heiraten ist gar nicht so schlimm. Ein bisschen Sex, aber sonst geht es.

Das Auffallende am Supermarkt ist, dass er eine große Auswahl von ein- und demselben Artikel hat.

Die Polizei hilft Tag und Nacht bei Einbrüchen, Unfällen, Schlägereien und Mordtaten.

Die Politessen werden nur für den stehenden Verkehr verwendet.

Ein Konversationslexikon ist ein Lexikon, in dem steht, wie man sich konserviert.

Polizeihunde verursachen keine Unkosten, denn sie ernähren sich von Verbrechern.

Die Straßen sind zu einer gefährlichen Waffe geworden. Man muss sehr aufpassen, dass man dadurch nicht verletzt wird.

Vor dem Überqueren der Fahrbahn schaue ich immer nach links und gleichzeitig nach rechts.

Im Kaufhaus stehlen die Jugendlichen, weil dort sehr oft geklaut wird!

Heimvorteil hat der, welcher oben anfängt und den Föhn im Rücken hat.

Damit wir zum Frühstück frische Brötchen bekommen, stehen Bäcker jeden Morgen um vier Uhr auf, egal wie spät es ist.

Das erste Gebot im Straßenverkehr lautet: Fahre rücksichtsvoll auf andere Verkehrsteilnehmer.

Nach 20 Uhr kann man sein Geschäft nur noch an Tankstellen erledigen oder bis zum nächsten Morgen warten.

Im Stoßbetrieb müssen die Verkäuferinnen die Kunden mit flinken Handgriffen fertigmachen.

Wenn die Ampeln ausfallen, müssen Polizisten einspringen und den Verkehr selber übernehmen, so gut sie halt können.

Autofahrer, die einen Unfall verursachen, haben meist selbst schuld.

Für Kartoffelsalat muss man die Kartoffel erst nackt machen.

Napoleon wurde mit St. Helena auf eine Insel verbannt.

Bei Nacht wird das Sehen durch Dunkelheit erschwert.

Manche Menschen entrümpeln ihr Haus und werfen es dann in den Wald.

Wenn die Strahlen der Frühlingssonne den Boden wärmen, entpuppt sich die Raupe plötzlich als Schmetterling.

Zuallererst müssen die Menschen ihre Abgase besser zurückhalten.

Die Macht des Wassers ist so gewaltig, dass selbst der stärkste Mann es nicht halten kann.

Wenn jeder mithilft, können die Unfallopfer schnell verkleinert werden.

Auch zwischen den Beinen muss man sich jeden Tag gründlich waschen, sonst wird das Schamgefühl gestört.

Es geht nicht immer so, wie man will. Manchmal steht man direkt vor der Kehrseite der Medaille.

Auf ein Pferd darf man nur von vorn losgehen. Wenn man von hinten kommt, tritt es aus.

Eine Hängematte besteht aus vielen Löchern, die mit festen Stricken miteinander verbunden sind.

Männer können keine Männer heiraten, weil dann keiner das Brautkleid anziehen kann.

Die Fernsehzeitungen sind deshalb so wichtig, damit die Sendung nicht vorbei ist, bevor man sie bemerkt hat.

Das Schlimmste am Fernsehen ist, dass wir alles sehen können, was gesendet wird.

Politik ist dieser komische Bundesmeister.

Ein Reflex ist, wenn mir jemand gegen das Schienbein tritt und ich haue ihm dann auf die Nase.

Mit starkem, großem Strahl geben die Feuerwehrleute ihr Wasser ab.

Honig ist ein Gemisch aus Zucker, Blütenstaub und Polen.

In vielen Filmen spielen Tote mit, denn die Filme sind manchmal sehr alt.

Senioren sind Leute, die nicht mehr arbeiten und immer älter werden. Solange sie arbeiten, sind sie Junioren.

Vor dem Frühstück sollte man nicht arbeiten. Wenn man dennoch vor dem Frühstück arbeiten muss, sollte man zuvor etwas essen.

Also, es heißt »hair«. Wenn man sagt »hairs«, dann hat man so drei Stück, und da hat man das Problem, wo man den Scheitel hinlegt.

Das Brechmittel verwendet man bei Pferden, damit sie würgen. Glaubersalz isst man, um Dünnpfiff zu bekommen.

Man muss seine Augen gleichzeitig in alle Richtungen werfen, um die Gefahren des Verkehrs zu überblicken.

Bei einer Pfanne darf der Griff nicht aus demselben Stiel sein.

Erbkrankheiten kann man sich auf den Toiletten holen.

Verlässt man das Zimmer und geht die nächste Türe rechts, so findet man sich im Klo wieder. In dem kann man sich auch waschen.

Die Menschen schlafen auf dem Fußboden und kennen es nicht anders. Die Kinder lernen das von selbst.

Beim Trinken von Mineralwasser muss man nach einer bestimmten Zeit Methan abgeben.

Gartenzwerge haben rote Mützen, damit sie beim Rasenmähen nicht überfahren werden.

Ein Einzelfall ist meistens sehr selten.

Es brechen laufend Seuchen und sogar schwere Krankheiten aus.

Manche brauchen sogar die dritten Zähne, denn ganz zuletzt muss man noch ins Gras beißen.

Das Fernsehen ermöglicht uns frühzeitige körperliche und geistige Schäden. Von der Seele wollen wir gar nicht erst anfangen.

Im Supermarkt sind viele Verkäuferinnen nur teilweise vorhanden.

Der Beruf Rennfahrer ist natürlich nicht nur ein toller Beruf, wegen der schnellen Autos und der schönen Mädchen, sondern er ist auch ein sehr gefährlicher Beruf, denn man kann sich auch schwere Verletzungen zuziehen, wie zum Beispiel Schädelbasisbruch und Kaiserschnitt.

Der Verkehrsminister muss außerdem auch aufpassen, dass den Menschen beim öffentlichen Verkehr nichts passiert, dass dieser regelmäßig stattfindet und dass man überall gut hinkommt.

Die Streichhölzer müssen gut versteckt werden, damit sie keine kleinen Kinder bekommen.

Der Frühling ist die erste der vier Jahreszeiten.
Im Frühjahr legen die Hühner Eier und die Bauern Kartoffeln.

In den Gaswerken erzeugen die Arbeiter das Gas in Tag- und Nachtschichten.

Wenn man beim Zubettgehen sein Licht nicht sorgfältig auslöscht, kann man beim Aufstehen erstickt oder gar verbrannt sein.

Vor der Operation wird der Kranke durch Narrkosen um seine Gesinnung gebracht.

Wenn man dem Staat durch den Wehrdienst dient, wird dieses Dienen nicht bedankt.

In Blutorangen ist Blutzucker!

Man kann nichts gegen die Abgase der Autofahrer machen.

Der Schlussstein ist die Achillesverse des Gewölbes und hält die Rippen zusammen.

Das Pferd ist dem Reiter hörig.

Am Fahrrad braucht man Speichenrückstrahler und am Hintern auch.

Die Stare geben viel Geld aus.

Waldbesetzer hängen an alten Bäumen.

Schulleben

In der Schule lernt man nichts —
aber das fürs ganze Leben.

»Mit dem Eintritt in die Schule beginnt der Ernst des
Lebens.« Dieser Spruch hat Generationen von Schülern
verfolgt und verfolgt sie auch heute noch. Zugegeben: Es ist
kaum möglich, sein ganzes Leben lang nur Spaß zu haben
und tun zu können, was einem gerade einfällt, ein bisschen
Ernst gehört schon dazu. Schließlich soll man lernen, im
Leben Verantwortung zu tragen, und dazu muss man
wissen, wie das geht. Die Kinder lernen in der Schule also
nicht nur den Stoff, der auf den Lehrplänen vorgegeben ist,
sondern werden auch durch das System Schule an sich
geprägt. Diese bürokratische Institution mit ihren seltsamen
Regeln und skurrilen Bräuchen kann das Leben oft
erschweren, aber gelegentlich auch ziemlich erheiternd
wirken.

Ich gehe in eine viertklassige Volksschule.

Wir Kinder müssen in der Schule viel lernen, weil
wir die zukünftigen Menschen von morgen sind, in
deren Händen das Alter unserer Eltern liegt.

Die Schule wird von einem Reaktor geleitet.

Mit der Frau Lehrer sind wir 22 Kinder.

Unser Lehrer hat Argusaugen. Das sind Augen, die haben rechts und links noch ein Ohr dran.

Unser Lehrer ist etwas kräftiger. Im Theater macht er ganz allein die Bühne voll.

Obwohl er sehr begabt war, wurde er Hauslehrer.

Viele Lehrer sind besser als ihr Ruf, und zwar deshalb, weil ihr Ruf noch schlechter ist als sie.

Es gibt unterschiedliche Methoden, den Schülern das fürs Leben erforderliche Wissen beizubringen, entsprechend teilt man die Lehrer ein in Pädagogen und Orthopäden.

Ralf war nach der Schulaufgabe so böse, dass er etwas zu laut sagte, unser Lehrer solle ihn am A... lecken. Als das passiert war, bekam er anschließend einen Verweis.

Wenn wir alle Umstände berücksichtigen, so können wir jetzt alle wieder guter Hoffnung sein.

Viele Stunden fallen bei uns aus, weil die fehlenden Lehrer immer mehr werden.

Schulen und Krankenhäuser mangeln. Ihre notbedürftigen Behausungen fallen schon bei Sturm um.

Für den Handarbeitsunterricht wurden die Mädchen halbiert.

Auf das Formular mussten wir laut und deutlich unsere Namen schreiben.

Fröhlich singend fuhr der Bus los.

Schon an meinem ersten Tag in der Schule habe ich alles gelernt.

Bei den Menschen nennt man die Dressur Erziehung.

Mein Sohn konnte gestern nicht zur Schule kommen. Er musste vorsichtshalber zum Arzt, weil die ganze Familie mit einer schweren Grippe im Bett liegt. Wir wollten nicht, dass er die Schule ansteckt.

Am schönsten ist das Bockspringen. Da wir im Freien turnen müssen, haben wir keinen Bock. Da macht ihn immer aushilfsweise unser Herr Lehrer. Da aber dieser Bock zu groß ist, können wir meistens nicht über ihn hinüber.

Schüler sind nicht ohne Verantwortung. Sie sind für lernen verantwortlich. Und für den Umgang mit ausgeliehenen Schulbüchern. So richtig durchgeholt haben das einige von ihnen nicht.

> **Dialog zwischen einem Lehrer und einem Schüler:**
>
> **LEHRER:** Warum machst du nichts?
> **SCHÜLER:** Ich kann es nicht.
> **LEHRER:** Dann lern es!
> **SCHÜLER:** Bringen Sie es mir bei!
> **LEHRER:** So weit kommt's noch!

Frau Lehrerin, ich habe das gefälschte Zeugnis mitgebracht.

Meine Frau Lehrer hat eine strenge Regel.

Ich mag unsere Religionsfraulehrer sehr.

Letztens sagte ein Mitschüler dem Lehrer, er sei ein Esel. Das kann die ganze Klasse bestätigen.

Brief einer Schülerin an die kranke Lehrerin:

»Liebes Fräulein! Wie geht es immer? Habe gehört, dass Sie im Krankenhaus leiden. Ich bin sehr traurig. Unser Hund ist heute Nacht auch gestorben. Viele Grüße ...«

Wenn man in die Schule kommt, darf einen der Verkehr nicht mehr erschrecken.

Gestern hat unser Lehrer etwas über die Kirschengeschichte erzählt.

Täglich wanderten wir in die Schule und spielten mit den Lehrern.

Haben wir heute Pferdeunterricht?

Als wir an dem Kiosk ankamen, waren wir so hungrig, dass wir wie eine Meute Hunde über die Verkäuferin herfielen.

Auf der Alm gab es Käse, Brot und kühle Milch. Wenn unser Lehrer etwas Warmes haben wollte, eilte er flugs hinüber zur Sennerin.

Als wir abends von der Wanderung wieder in der Jugendherberge eintrafen, waren wir alle müde bis in die Knochen. Auch unser Lehrer sagte, er spüre sein Glied nicht mehr.

In einer Stunde waren wir angezogen, gewaschen und gefrühstückt.

In Deutsch, Englisch und Mathematik stehe ich auf die Note »Sehr gut«.

Mit dem Tafelabschrieb bin ich nicht fertig geworden. Den Rest hab ich mir dann einfach mündlich gemerkt.

Das Schönste an den Ferien ist, dass ich früh immer spät aufstehen darf.

An Pfingsten bekommen wir sieben Tage Ferien, während es an Ostern nur eine Woche gab.

Als mein Bruder von der Klassenfahrt nach Hause kam, bemerkten wir an ihr Läuse und Trübsinnigkeit.

Am letzten Schulausflug konnte ich nicht teilnehmen, weil mein schlimmer Fuß sich in die Länge gezogen hatte.

Es ist ein heißer Tag, und bald fliest allen der Scheiß von der Stirn.

Aus einem Entschuldigungsbrief an den Lehrer:

»Maria kann heute nicht in die Schule kommen. Es kommt oben und unten. Sobald es ihr nicht mehr kommt, kommt sie wieder.«

Am Sonntag sind wir in die Heide gefahren, weil uns die Erika gar so sehr lockte. Sie hat uns auch nicht enttäuscht und alle Erwartungen erfüllt. Sie breitete sich aus, so weit das Auge reichte.

Die ganze Nacht konnte ich vor Freude nicht schlafen. Schon um fünf Uhr ging es in die Hosen.

Kevin ist letzte Woche die Treppe runtergefallen und hat sich anschließend den Arm gebrochen, als er unten angekommen war.

Wir gingen mit unserer Lehrerin im Park spazieren. Gegenüber dem Park war ein Haus, wo die Mütter ihre Kinder gebären. Eine Gebärmutter schaute aus dem Fenster und winkte uns freudig zu.

Wenn ich der liebe Gott wäre, würde ich eine einzige Sprache für alle Menschen machen. Dann müsste ich nicht mehr Englisch und Lateinisch pauken.

Ich habe einen Schikurs machen dürfen und habe zur Freude meiner Eltern und zu meiner eigenen in kürzester Zeit das Wedeln gekriegt.

Gestern hatten wir Jugend-Skitag. Alle Minuten ließ der Lehrer einen fahren. Wenn ihm einer zu früh rauskam, schickte er ihn zurück.

Als wir über die Wiese gingen, galoppierte plötzlich ein Stier auf uns zu und wollte uns auf die Hörner nehmen. Wir rannten schreiend weg. Nur unsere Lehrerin blieb mutig stehen. Als der Stier sie erblickte, blieb er auf der Stelle stehen, sah sie an und rannte schnell wieder weg.

Im Schwimmbad darf nur auf dem Sprungbrett gesprungen werden, wer schon einen Sprung hat, muss den anderen hinlassen.

Im Biologieunterricht haben wir die Genitalbereiche nur ganz kurz berührt.

Manche Schüler sind sehr heimtückisch. Sie strecken dem Lehrer immer nur dann die Zunge raus, wenn er sich gerade seine Brille putzt.

Wenn man arbeitet oder in die Schule muss, folgt auf jedes Wochenende immer wieder ein Montag. In den Ferien gibt es das nicht. Das ist das Schönste daran.

Ich konnte gestern meine Matheaufgabe nicht machen, weil mein Vater den Taschenrechner brauchte und anschließend seine Batterie leer war.

In unserer Klasse müssen wir immer so sitzen, dass der Lehrer auch die Hintern sehen kann.

Da steht es schwarz auf weiß– für alle, die nichts lesen können!

Als alle zu dem lockenden Büffet strebten, ging plötzlich das Licht aus. Da gab es ein großes Tohu und auch ein Bohu.

Der Weg machte eine Kurve, als ich die hinter mir hatte, fiel mir plötzlich ein ziemlich kaputter Weidezaun ins Auge.

Dann stiegen wir alle in den Zug, welcher ein Doppelgänger war.

Mist, meine Schere schreibt nicht mehr!

Ich habe es nicht verstanden. Der Wind ist mir durch die Ohren geblasen.

Meine Eltern saßen in der Zwischenzeit im Schulhof und lernten einander und die Lehrer kennen.

Ich sehe Nebengeräusche in den hinteren Reihen. Ich habe es nur aus den Augenwinkeln gehört.

Unser Lehrer sucht ein Zimmer mit Bett, in dem er unterrichten kann.

Ich durfte meinem Vater nichts von den schlechten Noten sagen. Mutti gab mir absolutes Schweigeverbot.

Gestern war ich leider krank und konnte nicht zur Schule gehen. Ich hatte die Nase voll.

Wenn wir die Insektensammlung in unserer Schule betrachten, springt mir immer zuerst der persische Riesenfloh ins Auge.

Die Schüler werden mit Busen in die Schule geführt.

Der blaue Brief kommt mir der gelben Post.

Meine Mama konnte gestern nicht zum Elternabend kommen, sie lag mit Margarine im Bett!

Wir brauchen morgen ein liniertes Heft und ein kastriertes.

Ich besuchte die Schule bis zum Zusammenbruch.

Deutsch für Fortgeschrittene

Ein guter Lehrer gibt auch seinen Schülern
eine Chance – und macht nicht alle Fehler selbst.

Der Vorteil, den man im Fach Deutsch unbestritten hat,
liegt klar auf der Hand: Man beherrscht die Sprache –
im Idealfall. Zumindest meint man, diese Sprache zu
beherrschen. Schließlich konnte man sich ja schon vor der
Schule so ausdrücken, dass man das, was man wollte,
auch bekam – vorausgesetzt natürlich, die Eltern und
sonstige Personen in der Umgebung spielten mit.
Man wird dann vom Deutschlehrer schnell eines Besseren
belehrt. Wie kann ein unschuldiges Kind auch damit
rechnen, dass die deutsche Sprache voller Tücken steckt?
Da gibt es Rechtschreibregeln, die sich als gar nicht so
regelmäßig entpuppen, oder eine Grammatik, bei der
selbst der gewiefteste Systematiker schon mal leicht den
Überblick verliert. Darüber hinaus muss man noch jede
Menge lesen und zu allem Überfluss auch noch Aufsätze
schreiben. Kein Wunder, wenn da ein paar Dinge durch-
einandergeraten.

Schreibt man das »f« mit »ph«?

Ein Vokal ist das Gegenteil von einem Konsonanten.

Die meisten Wörter kann man reflektieren. Dabei verändern sie ihr Aussehen und manchmal auch ihre Form.

Ich weiß natürlich schon lange, dass man ein Hauptwort groß schreibt, aber woher soll ich wissen, was ein Hauptwort ist?

Das kann man in Maiers Konferlations-Lexikon nachlesen.

Suche wem, der mir Schwimmen lernen kann.

Eigentlich schreibt man ohne ck, wie Tomate.

Adjektive kann man versteigern, zum Beispiel gern – gerner – am gernsten.

Der Affe kann nicht denken, er kann nur konjugieren.

Bis einer dahin gekommen ist, das dauert ja doch sehr viel Mühe.

Der Redner muss während seines Vortrags einen sogenannten roten Faden mit sich ziehen.

Das ist der springende Punkt, der das Fass zum Überlaufen bringt.

Auch ist die Gefahr von Geisteslücken oder Verwechslungen sehr gering.

Das Glück ist etwas sehr Unsicheres. Mein Vater spielt schon seit fünf Jahren Tote, und nie hat es uns überrascht.

Die Nachtphase, in der der Mond leuchtete, endete mitten in der Nacht.

Als mein Vater das erfuhr, machte er den Prozess einen Kopf kürzer.

Das Gebäude brannte bis auf den Dachstuhl nieder.

Der Freund von meiner Schwester wurde als erster Gewinner eines Autos aus der Trommel gezogen.

Am sterbenden Bett seines Vaters besaufte er sich.

Wir können uns das nicht leisten, weil die Preise inzwischen gastronomische Ausmaße angenommen haben.

Sowie die Männer fehlen, muss dennoch das Vergnügen gelobt werden.

Du vernachlässigst selbst deine Erregung.

Der Zug wird vom Lokführer gefahren, obwohl er krank ist.

Die Sterbeglocke hat geglockt.

Der Schäferhund musste erschossen werden, weil er den Briefträger, den Hausarzt und andere Hunde gebissen hatte.

Zu Anfang hat er noch gelitten, das heißt er war tot.

Ihr linker Arm, über dessen Schulter sie schaut, stützt verdreht mit der Hand auf ihrer linken Po-Hälfte.

Hans wartet und tut das auf Maria.

Stundenlang steht der Fischer oft voller Sehnsucht an der Angel. Aber keiner geht ihm ins Netz.

Aber als sie sich umdrehte, war sie schon tot.

Es waren farbige Mädchen, die alle mit Indianerstiefeln besohlt waren.

Die Wirtin brachte den Kuchen in das Zimmer, und alle setzten sich darauf.

Die westfälischen Bauern erkennt man an ihren prächtigen Schinken.

Die Angst der Menschen versteigerte sich um ein Vielfaches.

Die Mutter weckte zuerst den Vater auf und dann die Kirschen ein.

Die Stadträte heißt man auch Stadtväter, weil sie es auch für uns sind. Sie kümmern sich Tag und Nacht für ihr Wohl und Wehe.

Als er alles gut verstaut hatte, hob er sich auf und blickte erstaunt in das Gesicht des Detektiven.

Nach der Obduktion stand fest, dass das Opfer tot war.

Man sieht deutlich, wie der Hafen in die Schiffe einläuft.

Früher, als Amerika noch nicht entdeckt war und noch nicht überall englisch gesprochen wurde, hießen die Callgirls noch Mätressen.

Ich habe die Tür aufgemacht, und sie ging nicht auf.

Seine Blicke werden von dem anderen resigniert.

Die meisten Terroristen fahren nach Australien, um dort die Tiere zu sehen.

Die vom sauren Regen kahl gewordenen Bäume müssen dann abgeholzt werden. Dann sehen die Wähler noch kahler aus.

Im Fernsehen wird viel geschossen, gestochen und gemordet. Manchmal jagen sich die Toten nur so.

Wenn ich die Vor- und Nachteile abwiege, sehe ich deutlich, wie verschieden sie sind.

Die Gemüsefrauen decken bei sich alles zu, damit ihre schönen Sachen nicht schlapp werden.

Seine Geduld war warm und heiß zugleich.

Als ich erwachte, musste ich feststellen, dass es heute kälter war als draußen.

Wir sahen lange einem Angler zu.
Er hatte einen Köter ins Wasser geworfen.
Aber niemand biss an.

Die Kliniken sind immer voll belegt. Leider sterben die Kranken nie aus.

Nach dem Begräbnis schloss er sich wochenlang zu Hause ein, um die Wunden zu heilen, die ihm seine tote Frau zugefügt hatte.

Der Bauer zählte seine zahlreiche Familie und stellte fest, dass keines seiner Kinder fehlte. Die gab ihm einen Trost, und er fing von Neuem an.

Der Gutsbesitzer hatte sein scharfes Auge auf die Frau des Jägers geworfen, die ein scheues Reh war.

Die Konserven werden im Konservatorium hergestellt. Nur so bleiben sie immer frisch.

Die Schnitzel brunzelten in der Pfanne.

Die herrschenden Kreise wurden deponiert.

Letzten Samstag haben wir mit der ganzen Familie einen ausgiebigen Tag in der Stadt beim Einkaufen verbracht. Nur ich habe mein Geld gespart, weil ich mir eine Plesteschn kaufen will.

Als der zweite Zug auf den Festplatz zog, gingen blau-weiß gekleidete Mädchen an der Spitze. Das waren die Jungfrauen. Beim Rückzug war das nicht mehr der Fall.

Die Mauer am Hinterteil des Villagartens ist sehr steinalt und hat einen Hafen als Nachbarn.

Die Miesmuschel soll als beliebte Delikatesse gelten, sodass ihr Name nicht ganz richtig ist.

Sie haben kein Selbstbewusstsein und sind sich nicht über sich selbst bewusst.

Frauen werden nicht bevorzugt wie übrigens Männer und andere Geschlechter auch.

Das Brot ist das kostbare Essen und der Bauer plagt sich schwitzend über dich.

Der Graph starb nicht auf natürliche Weise. Er wurde hinterlistig ermeuchelt.

Bäume statt Autos – dieser Alptraum gehört jetzt der Vergangenheit an.

Er ist mit einer Gehirnerschütterung noch halbwegs gut ums Leben gekommen.

Die neuen Zähne von meinem Opa sind zu seiner Zufriedenheit ausgefallen.

Man sieht sie nicht, man hört sie nur – die lautlosen Jäger der Nacht.

Der Wasserhahn war kaputt. Bald aber kam der Installateur. Er war undicht geworden und gab dauernd einen dünnen Wasserstrahl von sich.

Gestern kam mein Vater später nach Hause. Er hatte sich am Stadtpark vergangen.

Die Frauen vom Roten Kreuz standen an jeder Ecke und schüttelten ihre Büchsen.

Die gehetzte Gemse sprang von Klippe zu Klippe. Endlich konnte sie nicht mehr weiter. Vor ihr gähnte der Abgrund und hinter ihr der Verfolger.

Es war eine machtvolle Demonstration. Der Marktplatz war voller Menschen. In den Nebenstraßen pflanzten sich Männer und Frauen fort.

Jeden Samstag kommt der Eiermann. Weil die Leute seine freilaufenden Eier mögen, macht er ein großes Geschäft in unserer Straße.

Entsetzt stürzte die Magd ins Zimmer. Ihre Haare waren zerzaust, barfuß und halb nackt.

Nachdem die Männer 100 m gekrault hatten, wickelten die Frauen ihre 200 m Brust ab.

Die Männer herrschten über die Frauen und konnten sich schon bei geringsten Anlässen, wie zum Beispiel das Anbrennenlassen einer Suppe, scheiden lassen, ohne dass die Frau etwas dagegen hatte.

Der Zug hielt mit kreischenden Bremsen, und die Fahrgäste entleerten sich auf den Bahnsteig.

Wir fahren heuer wahrscheinlich nach Österreich nach Fahrradelberg.

Stefan hat ohne ein Mittel gekonnt.

Das Mädchen fiel von der Bank und blieb unerregt liegen.

Morgens putzen wir uns die Zähne, dabei darf auch das Hinterteil nicht zu kurz kommen.

Seit einigen Jahren gibt es immer weniger Schikanonen, dafür aber umso mehr Schneekanon, weil die Industrie das Klima erwärmt und die Slalomfahrer doch nicht auf Gras fahren können.

Die Pferde trugen Rosetten in den Landesfarben am Kopf, am Geschirr und an den Schwänzen. Jeder Mann war ähnlich geschmückt.

Das Erfrieren ist aber ein leichter Tod. Die Leute setzen sich hin und schlafen ein, und wenn sie aufwachen, sind sie tot.

Zum Schutz vor der Sonne tragen sie alle drei Hüte.

Es war ein fürchterliches Hin- und Hergeschiebe, weil auf dem Platz gleichzeitig hundert Kinder empfangen wurden.

Der Neubau wäre nicht nur teurer gekommen, er hätte auch mehr gekostet.

Man bekam seinen Lohn pünktlich jeden Monat. Daraus folgt, dass kein Vagabund existierte.

Nachdem alles versaut war, schloss er befriedigt seinen Koffer. Jetzt konnte der Urlaub kommen.

Als wir den Holzstoß mühsam aufgeschichtet hatten, fiel er mit einem Schlag wieder ein. So wurde es dann zu einer richtigen Syphilisarbeit.

Am Sonntag gibt es bei uns daheim immer einen leckeren Braten, manchmal auch Rossbief. Das esse ich besonders gern.

Im Fernsehen gab es einen schrecklichen Busunfall, bei dem die meisten der 21 Toten ums Leben kamen.

Da ist er noch einmal mit beiden Augen davongekommen, dem lachenden und dem weinenden.

In nicht enden wollenden Terpentinen schlängelte sich die Straße durchs Gebirge.

Letztes Jahr machten wir eine Kreuzfahrt auf der Donau. Den ganzen Fluss entlang begleitete uns das Ufer. Erst im schwarzen Meer verließ es uns und ging seine eigenen Wege.

Der große Platz war fast schwarz von buntgekleideten Menschen.

Auf dem Friedhof liegen die Gestorbenen begraben, die dort ihre letzte Ruhe gefunden haben. Aber auch andere Menschen werden dort beerdigt. Fast jeden Tag findet eine Leiche statt. Bei offenem Fenster können wir hören, wie sie singen.

Ein Teil des Feldes ist schon von den Frauen abgetragen und gebündelt worden.

»Ich habe alle Hände voll zu tun«, sagte er, und reichte ihm keine, die er schütteln konnte.

Beide wurden dem Krankenhaus zugeführt, und es besteht die Gefahr, dass ihnen die erfrorenen Gliedmaßen, wenn nicht gar das Leben erhalten werden kann.

Weil er dem furchtbaren Menschenvergießen Einhalt geben wollte, streckte er dem Feinde seine friedliche Hand entgegen. Der ergriff sie freudig, denn auch er und seine Soldaten waren zu müde, noch länger die blutigen Köpfe zu schlagen.

Mein Vater ist Friseur. Vor zwei Monaten haben wir umgebaut. Während dieser Zeit wurden die Kunden hinten rasiert.

Als einzigen Schmuck trug Prinzessin Diana ihren Ehering. Sonst hatte sie bei der Hochzeitsfeier nichts angelegt.

Bei unserem Bürgermeister freut man sich, dass er unter Umständen auch einen starken Ton von sich geben kann, der weithin vernommen wird.

Die Schlagwörter sollen ihnen ins Gesicht fallen.

Die gesundheitsschädigenden Erläuterungen werden dabei nicht angesprochen.

Morgen soll es in Strömen schneien!

Jedoch ist auffällig, dass durch dieses Fenster auch kein Licht ragt.

Wenn die Flagge hochgezogen wird, hat jeder, der dieser Zeremonie beiwohnt, stehen zu bleiben und die Flagge anzusehen, das gilt ebenso für Fahrzeuge.

Die Personen sehen verarbeitet aus.

Mir wäre das sehr gerne und heute lieber als gestern.

Die Eiskunstläuferin drehte ihre Pirouetten, dabei hob sich ihr Röckchen im eigenen Wind.

Bevor es endgültig losging, wurden alle Mitglieder in Männer und Frauen zerteilt.

Kaum wurde die Insel betreten, kam die Inselgruppe an.

Da kommt die junge Braut, die jetzt alt ist und auf Krücken geht, und lässt sich vor Freude auf der Leiche nieder.

Dort, wo jetzt die Trümmer ragen, standen einst stolze Burgfräuleins und warteten auf ihre ausgezogenen Ritter.

Der Besitzer der Burg war von uraltem Adel. Sein Geschlecht war schon vor vielen Jahrzehnten ausgestorben, und er selbst war auch ziemlich betagt.

Als die Männer zurückkamen, waren sie steifgefroren. Sie standen um das prasselnde Feuer und wärmten ihre Glieder.

Der Hauptmann zog seinen Säbel und schoss den Angreifer nieder.

Das Pferd des Reiters war schimmelig.

Das Pferd trug ein schweres Gebäckstück auf seinem Rücken.

Der leichtsinnige Viehbrigadier hatte mit seinem Karren den ganzen Zaun umgefahren. Das Schwein konnte erst später eingefangen werden.

Dann ging meine Schwester in das Geschäft hinein und fragte: »Kann ich das Kleid im Schaufenster anprobieren?«

Meiner Mutter fiel ein großer Stein von der Brust.

Literarisch gebildet

Mit einem guten Buch kann ich mich mehr befriedigen als mit irgendetwas anderem.

Die Prinzessin erkennt ihren zukünftigen Mann zunächst nicht. Er hat sich nämlich in einen Frosch verkleidet, um zu prüfen, ob sie ihn auch liebt oder nur sein Geld will.

Jetzt gab es für ihn nur noch die allerletzte Möglichkeit. Er ließ sich vor die Königin bringen und erzählte ihr alles von vorne und hinten und schloss seine Rede mit »und nun setze ich mich mit viel Hoffnung auf Sie«.

Sie flehte den König an, bat ihn um himmelschreiende Gerechtigkeit, sie warf sich vor seine Füße wie ein krümmender Wurm. Aber er war blind für ihre Seufzer.

Dann brachen die beiden Männer den Schrank der Königin auf, weil sie dort ihre Intimitäten vermuteten.

Und der König gab ihm die Hand seiner Tochter zur Frau.

Als der Jäger den dicken Bauch der Großmutter sah, wusste er, was geschehen war.

Wenn sich jeder denkt, was er für richtig hält, nennt man das Interpretation.

Er heiratete eine liebe Frau, die seinem einsamen Leben ein Ende machte.

Siegfried hatte an seinem Körper eine wunderbare Stelle, die er aber nur der Kriemhild zeigte.

Siegfried hatte seine Achillesferse am Rücken.

Wenn ein Ritter im Sommer vom Pferd fällt, tut es weh, und im Winter nicht.

Zyklopen waren Menschen, die am Kopf dort, wo andere nichts haben, ein Auge besaßen.

Athene schickte ihm einen kräftigen Wind nach.

Die Sirenen brachten mit ihrem betörenden Gesang die vorbeiziehenden Schiffe um den Verstand.

Die Erinnyen sind so bösartige Weiber, dass ihnen Giftschlangen aus dem Körper wachsen, wo andere Frauen Haare haben.

Plötzlich leckte der gefährliche Löwe dem Androklus das Gesicht. Die Zuschauer hatten eher das Gegenteil erwartet.

Dann gingen sie Hand in Hand und mit ihnen die Schatzkammer des Menelaos.

Eratosthenes saß an einem bestimmten Tag in Syene in einem Brunnen und wartete, bis die Sonne darin schien.

Goethe war Dichter, Minister und Casanova. Bei den Frauen hatte er viel Erfolg. Wenn er sie mit seinen schönen Gedichten eingestimmt hatte, ließen sie ihn meist gewähren.

Goethe war nicht gerne Minister. Er beschäftigte sich lieber geistig.

Einer der besten Freunde von Goethe, mit dem er alles in langen Gesprächen beredete, war der Neckermann.

Klingers Mutter war eine einfache, aber gute Waschfrau, in deren Hinterzimmer sich Goethe oft vergnügte.

Sie ritten die ganze Nacht hindurch, und als der Morgen graute, merkten sie, sie hatten ihre Pferde vergessen.

In seinen Armen hält der Erlkönig das ätzende Kind.

Mephisto verführt Faust so lang, bis dieser auf den Geschmack kommt und alles zu spät ist.

In Goethes Werther sucht eine Frau die richtige Position zwischen zwei Männern.

Als Hermann und Dorothea einander kennenlernten, war Dorothea zu einem Weib herangewachsen, was man von Hermann nicht sagen konnte.

Hermann und Dorothea machen aus ihrer Not das Beste und heiraten.

Er war so enttäuscht von seinen Lieben, dass er auch als Toter seine Heimat nicht mehr sehen wollte.

Wie Goethe von Schiller, so ging auch Schiller niemals aus dem Hause Goethes, ohne etwas Wertvolles mitgenommen zu haben.

Bei den Räubern geht es um ein Drama von Friedrich Chiller.

Als Jeanne d'Arc bei lebendigem Leibe verbrannt wurde, waren die Franzosen sehr traurig. Nun hatten sie keine Jungfrau mehr.

Damon wollte noch drei Tage Urlaub vom Tyrannen, um seine Schwester vom Gatten zu befreien.

Johanna war bereit, Tag und Nacht der französischen Armee zur Verfügung zu stehen.

Die Jungfrau von Orleans machte einen großen Fehler, als sie mitten in der Entscheidungsschlacht einem englischen Soldaten das Leben schenkte.

Eine andere Geschichte erzählt von Wilhelm Tell, der mit der Armbrust durch einen Apfel schoss, während er auf dem Kopf seines Sohnes lag.

Einer der Männer forderte den Landvogt auf, dass er den Tell endlich entbinden sollte.

Jetzt barg sich Tell hinter einem Busch, drückte los und das Werk der Befreiung war getan.

Das war schon toll, wie der Tell seinem Sohn den Apfel von der Birne schoss, ohne vorher zu proben – alles live. Das hätte ja auch ins Auge gehen können.

Die Hütten sind, wie schon Schiller in seinem berühmten Lied gesagt, aus Lehm gebrannt. Die Männer treiben Vielweiberei und die Frauen Ackerbau.

Schiller hätte das Drama gern beendet, aber die Arbeit an seiner Braut hielt ihn davon ab.

Dann traf Clara die Liebe zu Robert Schumann. Aus diesem Zusammentreffen gingen acht Kinder hervor sowie die fortschreitende Geisteskrankheit von Robert.

Die Wärterin begreift nichts, obwohl das Ausmaß der Liebe Romeos nicht zu übersehen ist.

Bei der Penthesileia gibt es keine Akte, da geht es den ganzen Abend in einem Stück durch.

Die sogenannte göttliche Sappho war die größte lesbische Dichterin des Altertums.

Der bedeutendste Dichter des 20. Jahrhunderts ist Hugo von Bertolt Brecht.

Der Verschollene war in Wirklichkeit gar nicht richtig verschollen, sondern nur ausgezogen. So fand man ihn einige Jahre später in Amerika.

Manchmal fällt dem Dichter kein Roman mehr ein und keine Geschichte, vielleicht nicht einmal ein Gedicht, sondern nur ein oder zwei kluge Sätze über das Leben. Das nennt man dann einen Afforismus.

Wir haben dann ein Märchen gelesen von einem, der sich auszog, um das Fürchten zu lernen.

Bevor der Dichter ein Gedicht machen kann, muss er warten, bis ihm Gefühle kommen. Hat er sie dann alle beieinander, lässt er seine Stimmung ab.

In seinen Gedichten gibt der Dichter sein Intimstes zur Interpretation frei.

Um ein Gedicht richtig zu genießen, muss man es nicht nur auf der Zunge haben, sondern es auch in der Seele zergehen lassen.

Viele Gedichte sind so schön, dass sie geradezu in der Seele zerfließen.

Es gibt auch Gedichte, die sich nicht reimen. Die gefallen mir nicht so gut, da hätte sich der Dichter mehr Mühe geben können.

In der Reportage wird der Tagesablauf einer jungen, spitzen Sportlerin beschrieben.

Bei dem Text handelt es sich um eine Satire. Das erkennt man vor allem daran, dass der Autor was er sagt nicht ernst, sondern eher erotisch meint.

Der Autor dient hier in seinem Text als Erzähler. Dabei bleibt er nicht neutral, sondern schlägt sich in die Position von K, aus dessen Seite die Geschichte auch erzählt wird.

Dieses stilistische Mittel wird als Sprachrohr benutzt.

Die Handlung findet im Bett des Protagonisten statt.

Die ganze Szene spielt in der Nacht, vor dem Kommen der Frauen, die die Laken wechseln wollten.

Später werde ich auch einmal meine Memoiren aufschreiben, aber erst muss ich welche machen.

Berichtenswert

Der Frau war bei dem Unfall nichts passiert, doch sie hatte einen erheblichen Blechschaden.

Wie aus dem Bericht hervorgeht, ist die Leiche anscheinend die Böschung hinaufgeklettert und dabei tödlich verunglückt.

Die Ehefrau lief mit der Wäsche ihres Mannes, den Federbetten und dem Geliebten weg. Der Wert dieser Dinge betrug etwa 500 Euro.

Der Einbrecher entwendete im Schlachthof größere Mengen Stierhoden, mit der Absicht, diese für sich zu nutzen.

Anfangs wurde er nur von Bekannten beschimpft, als er aber bekannt wurde, auch von völlig Unbekannten.

Als Motiv der Tat wird Selbstmord angenommen.

Der Bankräuber hat einen schwarzen Schaumbart. Er hat alle Taschen voll Geld zu tun. Sein Alter ist ungefähr 40 Jahre alt. Er ist dünn, aber auch ein bisschen dick, so in der Mitte.

Die Geiselnahme endete für die Bankräuber tragisch, denn sie wurden verhaftet. Die Geiseln konnten rechtzeitig vor der Polizei in Sicherheit gebracht werden.

Die Schmuggelware entdeckten die Zollbeamten im doppelten Boden eines Chinesen.

Bei Jugendlichen kommt es zu einem Gerichtsverfahren, wenn ein hoher Schaden entstanden ist, bei Wiederholungstätern und auch bei Bankenkriminalität.

Plötzlich standen sie vor einem Regal mit Süßigkeiten. Mit großen Augen griffen sie nach der Schokolade.

Der Unhold zerrte sein Opfer hinter ein Gebüsch und zeigte ihm dort sein wahres Gesicht.

Er jagte den Feind den ganzen Tag, bis er ihn in einem schmalen Seitental in die Enge getrieben hatte. Dort machte er ihm den Ganz- und Garaus.

Er rannte nicht weg, weil er dem Tod ins Auge sah, sondern weil er sein Leben retten wollte.

Als er den Verlust bemerkte, war der Koffer weg.

Bei dem Familiendrama erschoss der Vater zunächst sich selbst und anschließend auch seine Frau.

Dem Angeklagten wurde zur Last gelegt, er habe unersetzliche Exponate der Museumssammlungen zerschlagen, wie ausgestellte Bilder, wertvolle Keramiken und den Unterkiefer des Nachtwächters.

An allen Straßenecken und auf dem großen Platz standen Frauen und junge Mädchen und boten das Schönste an, was sie hatten.

Als der Ober die Suppe servieren wollte, ließ er sie aus Versehen direkt auf unseren Tisch fallen. Mein Vater hatte die Hose voll und einen Sprung in der Schüssel.

Ein unsichtbarer Wagen streifte unser Auto. Mein Vater sah meine Mutter an, dann fuhr er erschrocken in den Straßengraben.

Plötzlich verknallte sich das rote Auto in das blaue. Keiner wusste, wie das passiert war.

Als wir durch das Unterholz brachen, stand vor uns plötzlich ein Autofrack.

Da kam auch schon der Rettungswagen angebraust mit Blaulicht und Matterhorn.

Obwohl sich die Schranken senkten, wurden sie von den Autos noch mehrfach überquert.

Er stieg in den Zug und fuhr in eine Pension.

Auf der ausgelaufenen Ölspur verloren dann mehrere Autofahrer den Kopf, drehten sich um sich selbst und fuhren dann ineinander hinein.

Nachdem die Polizisten den Unfallwagen gestoppt hatten, ließen sie ihn blasen. Sie vermuteten wegen seiner unsicheren Fahrweise, dass er betrunken war.

Der Polizist sagte dem mit dem Schrecken davongekommenen Fahrer, dass es seine Pflicht ist, sein Hinterteil von Zeit zu Zeit abzuwischen, damit es besser zu sehen ist.

Als sich der Wagen überschlug, hatte der Fahrer großes Glück und ist mit einem Dachschaden davongekommen.

Weil es in der Stoßzeit immer ärger zugeht, will die Polizei jetzt zu drastischen Verhütungsmethoden beim Verkehr greifen.

Wenn der Unfalltod mitspielt, zieht der Betroffene meist den Kürzeren.

Der Schutzmann in seinem Häuschen hatte den Verkehr in seinen Händen.

Plötzlich fuhr ein alter Mann in einem behinderten Auto vor.

Auf der Landstraße kamen uns Autos entgegen, eines hinter dem anderen; im Ganzen zwei.

Als das Fahrzeug nach dem Sturz von der Brücke untergegangen war, zeugten aufsteigende Blasen davon, dass die Reifen schadhaft waren.

Dem Fahrer wurde eine Blutprobe abgenommen sowie die Verständigung der Hinterbliebenen.

Nach ambulanter Behandlung im Krankenhaus konnte der verunglückte Mann seinen Finger wieder mit nach Hause nehmen.

Die gut sichtbar angebrachte Tafel konnte man auch bei Dämmerung aus einer Entfernung von ca. 60 cm sehen.

Dann sind wir direkt am Polizeipräteritum vorbeigefahren.

Als das Auto die Polizei erblickte, erschrak es und fuhr zurück.

Nachdem mein Vater die Reifen montiert hatte, wechselte er anschließend im Auto das Öl.

Zwar gingen die Unfälle zum Glück unter Alkoholeinfluss zurück, aber wir müssen die Unfalltoten weiterhin heftig bekämpfen.

Wie die Postkutschen beweisen, hat es auch damals schon Verkehr gegeben, nur ging er länger und war auch gefährlicher. Oft wurde er von übel wollenden Männern frühzeitig beendet, meist mit der Waffe in der Hand.

Vor allem junge Männer sind beim Verkehr rücksichtslos. Sie glauben, sie seien die Größten, wenn sie nur schnell sind.

Zum Glück war bei dem Unfall nichts Menschliches passiert. Es gab nur einen Blechschaden. Meine Mutter wartete, bis die Polizisten kamen, und zeigte ihnen dann alles, was sie sehen wollten.

Diplomaten passiert bei Unfällen nie etwas, sie sind immun dagegen.

Nachdem der Jäger auf seinen Stand geklettert war, nahm er eine gebückte Haltung ein und wartete, bis unten etwas kam.

Vermutlich ist der Waldbrand durch achtloses Wegwerfen eines Passanten entstanden.

Bleich kam die Monarchin in dem Hotel an, in dem die drei Toten sie beschützen sollten.

Am Teich saß eine Magd und molk eine Kuh, im Wasser sah es genau umgekehrt aus.

Kluge Fragen, noch klügere Antworten

FRAGE: Welche Berufe gab es auf der Burg?
ANTWORT: Türsteher.

FRAGE: Wie verändert sich Romeos Charakter im
                   Verlauf des Stückes?
ANTWORT: Kein bisschen! Es ist immer nur er, er, er.

FRAGE: Was verband Göttervater Zeus mit den
           olympischen Spielen?
ANTWORT: Er hat sie organisiert.

FRAGE: Wie hieß die Frau von Orpheus, die er aus
           der Unterwelt zu befreien versuchte?
ANTWORT: Frau Orpheus.

FRAGE: Wenn Karl und Gustav denselben Vater
           und dieselbe Mutter haben, sind sie dann
           Geschwister??
ANTWORT: Nein, sie sind Brüder!

FRAGE: Was ist ein Schalk?
ANTWORT: Ein Raubvogel.

FRAGE: Übersetze »headmaster« auf Deutsch.
ANTWORT: Frisör.

FRAGE: In welcher Zeitform steht das Verb »ging«?
ANTWORT: Im Plural.

FRAGE: Wie hieß der Erfinder des Buchdrucks?
ANTWORT: Adalbert von Dürer.

FRAGE: Wer hat den König umgebracht?
ANTWORT: Der hieß Andre! Im Text steht: Ihr tatet es
           nicht, andre taten's!

FRAGE: Wie heißt der Fachausdruck für Gegenwart?
ANTWORT: Premium.

FRAGE: Was sind Modalverben?
ANTWORT: a, e, i, o, u.

FRAGE: Wann ist ihr Geburtstag?
ANTWORT: 22. Mai
FRAGE: Welches Jahr?
ANTWORT: Jedes Jahr.

Geschichtlich bewandert

Was heute nicht richtig ist,
kann morgen schon falsch sein.

Irgendwie ist es schon auch interessant zu erfahren, was die Vorfahren so alles getrieben haben. Dumm nur, dass es die Lehrer mit den Einzelheiten immer so genau nehmen. Schüler sehen das eher etwas lockerer, ein grober Überblick genügt meistens. Und ein wenig Phantasie kann schließlich auch nie schaden. Wen wundert's da, dass man hier und da mal etwas durcheinanderbringt? Wichtig sind doch die Ereignisse selbst und nicht der zeitliche Ablauf oder der Zusammenhang, in dem sie stehen. Doch tröstend ist zu wissen: Wenn die Grundlagen erst einmal gelegt sind, ist der Rest nur noch reine Formsache.

Aus den Neandertalern entwickelten sich allmählich die Germanen und daraus die Deutschen. Heute gibt es nur noch wenige, die wie Neandertaler aussehen.

Die Urmenschen trugen Lendenschürzen, damit ihnen die bösen Geister dort nichts anhaben konnten. Manche trugen auch hinten einen Schurz. Ich glaube deshalb, damit die guten Geister dort nicht entweichen.

Die Steinzeitmenschen benutzten das Feuer, um Licht in ihre Hüte zu bringen.

Die ersten Menschen gingen mit historischen Werkzeugen auf die Jagd.

Der Ötzi war ein Übergangsmensch zwischen der Steinzeit und der Eiszeit, den man im Himalaya ausgegraben hat.

In der Bronzezeit entstanden folgende Berufe: Jäger und Gammler.

Nur die Frau konnte zum Ehebruch verurteilt werden.

Nachdem die Menschen aufgehört haben, Affen zu sein, wurden sie Ägypter.

Das alte Ägypten wurde von Mumien bewohnt, die in hydraulischen Buchstaben schrieben. Sie lebten in der Sarah-Wüste und reisten auf Kamelen. Das Klima in der Sarah-Wüste war so beschaffen, dass die Bewohner anderswo leben mussten.

Wir wissen heute, dass die alten Germanen bereits alle Werkzeuge hatten, um eine Familie zu gründen.

Seit vielen Jahrtausenden bestehen zwischen Frau und Mann gewisse Unterschiede.

Die Wikinger segelten immer an der Küste entlang; sie waren sehr überrascht, als sie plötzlich auf Land stießen.

Die Griechen waren ein hochskulpturiertes Volk, und ohne sie gäbe es heute keine Geschichte. Die Griechen hatten auch Mythen. Eine Mythe ist genau genommen eine weibliche Motte, Homer wurde nicht von Homer selbst geschrieben, sondern von jemandem, der den gleichen Namen trägt.

Schon die alten Griechen hatten olympische Spiele. Sie fanden damals immer in Athen statt und dauerten meistens vier Jahre.

Das Orakel von Delphi war eine Frau, die zweideutige Antworten gab.

Bei den alten Griechen gab es einen Damokles. Der hatte sein Schwert über sich gehängt, damit er es immer schnell griffbereit hatte.

Sokrates war ein berühmter griechischer Lehrer, der herumlief und den Leuten gute Ratschläge gab. Sie haben ihn getötet. Sokrates starb an einer Überdosis Schilling. Nach seinem Tod ging es mit seiner Karriere steil bergab.

Das Trojanische Pferd war nur außen ein Pferd. Innen war es ein Wohnmobil.

Odysseus war viele Jahre fort von zu Hause. Dort wartete schon sehnsüchtig seine Frau Odyssee.

Alexander der Große ist vor allem auch dadurch bekanntgeworden, dass er als erster Grieche keinen Bart trug.

Anakreon war ein berühmter griechischer Dichter, der lange vor Christi Geburt gelebt hat. Deshalb nennt man alles Alte anakronistisch.

Von Homer weiß man nicht richtig, wie und wo er geboren wurde.

In Rom gab es Frauen, die mussten 30 Jahre lang Jungfrau bleiben. Sie wurden Wesfalinnen genannt. Eine von ihnen hatte zwei Söhne, den Romulus und den Remus.

Die Römer machten aus allen besiegten Völkern Slawen. Die Germanen wollten aber keine Slawen werden und nicht gegen Tiere am Viehtheater kämpfen. Deshalb übergaben sie sich nicht, sondern kämpften gegen die Römer im Teutoburger Wald. Sie schmissen Speere von oben runter auf die Römer, die in einem Abgrund steckten.

Ein römischer Konsul und ein römischer Konsul sind zwei römische Konsuln.

Als die römischen Soldaten durch den Wald zogen, hörten sie es plötzlich hinter den Büschen gewaltig rauschen. Das war Hermann der Cherusker und seine Germanen.

Die teutonischen Frauen waren am Kopf und der Brust bekleidet. Schon die Mädchen haben ihre Männer nicht geschont.

Cäsar unterjochte ganz Gallien und schleppte viele männliche und weibliche Gaullisten als Sklaven nach Rom.

Als er sah, dass die Schlacht verloren war, weil die meisten seiner Soldaten tot ins Gras gebissen hatten, stellte er sich vor den siegreichen Gegner und übergab sich.

Cäsar machte das Lager voll, und jeder stand stramm bei seinem Haufen.

Danach bauten die Römer von Koblenz bis Regensburg eine künstlerische Grenze, den sogenannten Limes.

In Rom waren die Römerinnen mit den ausgedienten Römern sehr zufrieden.

Cäsar wollte unbedingt Ägypten erobern. Als er dort einzog und die Königin sah, verliebte er sich sofort in Elizabeth Taylor.

Kleopatra war, bevor sie dem Cäsar begegnete, die Gattin ihres eigenen Bruders. So blieb zunächst alles in der Familie. Aber damit war es jetzt aus.

Als Cäsar den Hafen voll sah, schiffte er daneben.

Caesar drang mit nacktem Oberkörper in die Feinde ein.

Am Ende seines Lebens wurde Cäsar dann von seinem undankbaren Sohn Brutus erstochen.

Beim Ausbruch des Vesuvs kamen 2000 Menschen ums Leben, die restlichen starben.

Julius Cäsar hat sich auf den Schlachtfeldern Galliens selbst ausgelöscht. Die Iden des März ermordeten ihn, weil sie dachten, er solle zum König gemacht werden. Sterbend seufzte er: »So, so, Brutus.«

Die Christen wollten, dass sich alle Menschen lieben, und sie taten das auch bei jeder Gelegenheit. Da hatten aber die Römer was dagegen.

Im Reiche Karls des Großen ging die Sonne nicht unter. So mussten die Menschen im Hellen schlafen.

Karl bekam den Titel, weil er überall Frauen hatte und beliebt war.

Kaiser Karl V. hatte einen goldenen Bullen.

Das ursprüngliche Herrschergeschlecht in Bayern waren die Angelofinger.

Die stärkste Partei in Bayern ist heute die Sozial-Christliche-Union.

Um 1150 besaß Mitteleuropa etwa 200 Städte. Durch die Städtepolitik des staufischen Geschlechts verdreifachte sich deren Zahl auf etwa 1200.

Die islamischen Heere konnten bis nach Konstantinopel vordringen, dort gab es dann Rückstände.

Die richtigen Monarchen, von Gottesgnadentum eingesetzt, waren entweder krank, geisteskrank oder verstorben.

Während die Pest in Florenz wütete, erlagen ihr sämtliche Ärzte der Stadt. Erst als der letzte Arzt dahingerafft war, entschwand die Seuche.

Im Mittelalter wurden die Menschen nicht so alt wie heute. Sie hatten auch nicht so starken Verkehr.

Im Mittelalter hießen die Schlagersänger von heute Minisänger. Sie standen vor den Burgen und sangen zu den hohen Frauenzimmern hinauf.

Neben den Prunksälen hatten die Ritter auch heizbare
Frauenzimmer.

Früher behielt man auch vor den Damen den Hut auf
und entblößte sich erst, wenn diese es wünschten.

Um 1500 erkennen die Menschen, dass die Kugel eine
Erde ist.

Es war ein Zeitalter großer Entdeckungen und Erfindungen.
Gutenberg erfand die beweglichen Lettern und die Bibel.
Eine andere wichtige Erfindung war der Blutkreislauf.

Dann folgte das Zeitalter der Aufklä-
rung. Da lernten die Leute endlich, dass
man sich nicht durch die Biene oder
den Storch fortpflanzt, sondern wie
man die Kinder selber macht.

Während der Renaissance begann die Geschichte.
Christoph Kolumbus war ein großer Navigator, der
Amerika entdeckte, während er den Atlantik kreuzigte.
Seine Schiffe hießen Nina, Pinte und Santa Fe.

Kolumbus wurde nicht ohne Grund dafür ausgewählt,
Amerika zu entdecken. Bevor er dorthin lossegelte, hatte
er bereits das Ei erfunden.

Bis zum Jahr 1524 liegt über unserer Stadt eine Zeit, die
auch bei näherer Beleuchtung in tiefes Dunkel gehüllt bleibt.

Er starb wegen Kriegsdienstverweigerung im Jahre 1538, weil man ihm den Kopf abhackte.

Böhmens Fensterputz löste den Dreißigjährigen Krieg aus.

Während des Dreißigjährigen Krieges wurde die evangelische Stadthalle belagert.

Im Dreißigjährigen Krieg nannte man die besten und stärksten Soldaten Muskeltiere.

Die Periode der Königin Elisabeth dauerte 30 Jahre.

In dieser Zeit machte gerade wieder mal der Ätna die Gegend unsicher.

Der Große Kurfürst nahm die französischen Hottentotten freundlich bei sich auf.

Ludwig der XIV. sorgte im achtzehnten Jahrhundert für mehr Kantinen. Deshalb nennt man die Epoche auch Mehrkantilismus.

In der freien Reichsstadt Nürnberg lebte Martin Behaim mit seinem Erdapfel. Aber da war auch noch Albrecht Dürer.

Die berühmtesten bayrischen Adelsgeschlechter sind die Wittelsbacher, die Habsburger und die Wolpertinger.

Die allgemeine Schulpflicht wurde in Österreich von Mutter Theresa eingeführt.

Maria Theresia war fast ihr ganzes Leben schwanger, solange sie noch nicht zu alt dazu war. Sie bekam im Laufe der Zeit 16 Kinder. Dazwischen regierte sie mit energischer Hand Österreich.

Vor der Bauernbefriedigung mussten die Bauern für ihren Herrn frohen Dienst machen.

Maria Theresia war eine vielbeschäftigte Frau, die sich um tausend Sachen wie Verwaltung, Regierung und Kriege gegen Preußen kümmern musste. Trotzdem fand sie bei alledem Zeit, nebenher mit Hilfe ihres Gemahls noch 16 Kinder hervorzubringen.

Die Bauern bewirteten das Land und sie hatten keine Rente, weil sie nicht sparen können.

Lamarck wurde am 1. August 1744 geboren und starb 1992 in Paris.

In Frankreich hat man die Verbrecher früher mit der Gelatine hingerichtet.

Napoleon streckte seine Hände nach Moskau aus.
Aber wegen der furchtbaren russischen Kälte verbrannte er sich dort die Finger.

Napoleon ließ den Buchhändler Palm erschießen, um ihn einzuschüchtern.

Früher waren Bücher ein Luxusgut und deshalb sehr teuer, zum Beispiel mussten für 200 Seiten 200 Schafe sterben.

Notgedrungen ließ sich Napoleon später auf St. Helena nieder, von der er auch nicht mehr herunterging. 1819 starb er auf ihr.

Der Fürst von Metternich gründete zuerst die Heilige Allianz, dann erfand er den Sekt.

Vertreter des 3. Standes erklärten sich zur Volkszersetzung.

Die Kolonialmächte zogen ihre Grenzen mit dem Lineal. Deshalb kommt es vor, dass die halben Einwohner des Dorfes einen anderen Namen haben als die anderen halben.

In den 1840er Jahren gab es eine Bevölkerungsexplosion, weil sie noch keine Fernseher hatten.

Die Sitte des Gebärens war erst kurz vorher in Rom aufgekommen.

Zusammenfassend kann man sagen, dass der Alte Fritz ohne seinen Vater nicht denkbar wäre.

Der Unterschied zwischen einem König und einem Präsidenten besteht darin, dass ein König der Sohn seines Vaters ist, der Präsident aber nicht.

Die Sioux-Indianer und auch alle anderen Indianer durften ihre Präservative, die ihnen von den Weißen zugeteilt wurden, nicht verlassen.

Viele Indianervölker wurden ausgerottet, sodass die Bevölkerung sehr sank. Die Indianer wurden fast ganz verrottet.

Die erste Zeitschrift erschien im Jahre 1880, und das geht bis heute so weiter.

Bismarck war der längste von allen deutschen Reichskanzlern.

Der erste Weltkrieg wurde begangen, weil der Erzfolger erschossen wurde.

Zeppelin war der Erste, der nach verschiedener Richtung durch die Luft schiffen konnte.

Nach dem Zweiten Weltkrieg wurden die Deutschen von den Amerikanern vom Narzissmus befreit.

Nach dem Krieg wurde in München die Wohnungsnot so groß, dass Tausende von Menschen in einem einzigen Zimmer schlafen mussten.

Die Verfassung von 1946 hatte keine Volksbeteiligung, da das Volk aus lauter Verbrechern besteht.

Am Ende schrieb man ins Gesetzbuch, dass niemand zweimal wegen desselben Verbrechens aufgehängt werden sollte.

Die Gleichberechtigung der Frau wurde verwirklicht. Dies gilt auch für den Verkehr. Auch hier nimmt sie die gleiche Stellung ein.

1949 brachten uns die Sowjetmenschen das wieder, was die Russen 1945 geklaut hatten.

Die Rosinenbomber hießen so, weil sie Rosinen abgeworfen haben.

Politisch korrekt

Adenauer tat sich mit den deutschen Männern und Frauen zusammen, damit sie gemeinsam alle wieder etwas hochkriegten.

Wir wollen sehen, um was es sich bei der Krise der kleinen Kubainsel Karibik handelt.

Diesen Konflikt kann man als Gorilla-Krieg bezeichnen.

Der Vietnamkrieg fand auf Kuba statt.

Lehrer-Schüler-Dialog:

LEHRER: In welchem Land ist die Königin von England Königin?

SCHÜLER: Sie wollen mich wohl auf den Arm nehmen?

LEHRER: Nein, warum?

SCHÜLER: Die ist doch schon tot.

Die Bundesrepublik Deutschland besteht aus drei Teilen, der Executive, der Legislative und der Demokratie.

Die Staatsgewalt wird aufgeteilt und auf drei Staatsorgane verteilt.

Der Bundespräsident bekleidet das oberste Staatsorgan, welches an die Verfassung gebunden ist.

Der Bundeskanzler erlässt Gesätze und reagiert das Land. Außerdem ist er Staatsoberhaupt und darf alles tun, was er will.

Jeder Mensch, auch die Frauen, darf sich mit 18 seinen Abgeordneten selber aussuchen.

Die Bundesrepublik Deutschland ist ein Steuerstaat. Die Abgaben müssen eine homogene Gruppe bilden.

Wenn der Staat seinen Bürgern finanziell unter die Arme greift, dann nennt man das Förderalismus.

Der Bundesrat besteht aus einer Kammer. Er hemmt und kontrolliert die Arbeit des Bundestages.

Überhangmandate liegen vor, wenn eine Partei mehr Sitz hat, als sie eigentlich haben hätte müssen. Der Überhang zieht mit in den Bundestag.

Schüler-Lehrer-Gespräch:

LEHRER: **Was bedeutet das Kürzel DDR?**
SCHÜLER: **Deutsche dahinvegetierende Republik?**
LEHRER: **Aber klar doch! Und was bedeutet BRD?**
SCHÜLER: **Beinahe real dasselbe!**

Hat man drei Direktmandate, so kann die Partei proportional in den Bundestag einziehen.

Wenn ein Abgeordneter mehr als 5 % Klausel hat, wird er in die Partei zur Wahl gestellt.

Früher kam jede Partei ins Parlament, die auch nur ein bisschen gewählt wurde.

Es wurde nur mit Köpfen abgestimmt.

Dabei schickt jedes Land seinen Vertreter ein, damit der den anderen seine Meinung andreht.

In Bayern hat das vielleicht auch was mit der früheren Lage zu tun, also dass die Bürger das wählen, was ihre Vorfahren schon gewählt haben, es ist also vielleicht auch erblich bedingt.

Bill Clinton is a very impotent person.

The nick-name of Arnold Schwarzenegger is steirische Eichel.

Obwohl sie als Kanzlerin eine Frau ist und ihre Reize auch einsetzt, besitzt sie an den richtigen Stellen auch die Härte des Mannes.

Kluge Fragen, noch klügere Antworten

FRAGE: Was war eine der größten Leistungen der alten Römer?
ANTWORT: Sie haben Latein gelernt.

FRAGE: Wo wurde der Hadrianswall errichtet?
ANTWORT: Um Hadrians Garten.

FRAGE: Wer war Julius Cäsar?
ANTWORT: Ich kenn mich nicht aus. Ich bin evangelisch.

FRAGE: Wie ist die Vestalin gestorben? Gewaltsam oder natürlich?
ANTWORT: Gewaltsam natürlich.

FRAGE: Nenne drei Disziplinen der Olympischen Spiele der Antike.
ANTWORT: Laufen, Weitsprung und Miniskuswerfen.

FRAGE: Wer war Napoleon Bonaparte?
ANTWORT: Der Erfinder der Guillotine.

FRAGE: Wofür war Sir Walter Raleigh bekannt?
ANTWORT: Er war der Erfinder der Zigaretten und eines berühmten Autorennens.

FRAGE: **Wo wurde die amerikanische Unabhängigkeitserklärung unterzeichnet?**
ANTWORT: **Ganz unten.**

FRAGE: Wann war der Dreißigjährige Krieg?
ANTWORT: In Vietnam.

FRAGE: Mit welchem Ereignis begann das »lange 19. Jahrhundert«?
ANTWORT: Mit der Russischen Revolution 1917.

FRAGE: Was haben Mahatma Gandhi und Dschingis Khan gemeinsam?

ANTWORT: Sie haben beide sehr ungewöhnliche Namen.

FRAGE: Warum hieß die Weimarer Republik »Weimarer Republik«?

ANTWORT: Weil die alle damals in Weimar gewohnt haben.

FRAGE: In welcher Stadt steht der Reichstag?

ANTWORT: Nicht mehr in Deutschland, oder?

FRAGE: Wann wurde die Bundesrepublik Deutschland gegründet?

ANTWORT: In Österreich.

FRAGE: Wann fand die deutsche Wiedervereinigung statt?

ANTWORT: Als die Ossis gehört haben, dass wir den Euro haben, sind sie alle rüber.

FRAGE: Wer war Konrad Adenauer?

ANTWORT: Hat der nicht die D-Mark erfunden?

FRAGE: Wer war der erste deutsche Bundeskanzler?

ANTWORT: Helmut Kohl.

FRAGE: Wer war in den 1950er und 1960er Jahren der
            mächtigste Mann in der DDR?
ANTWORT: Konrad Adenauer.

FRAGE: Nennen Sie einige Länder der europäischen
            Gemeinschaft.
ANTWORT: Die kenn ich alle! Frankreich, Belgien, und
            das dritte fällt mir gerade nicht ein.

FRAGE: Übersetzen Sie den Begriff »Demokratie«
            mit einem Wort.
ANTWORT: Sozialismus.

FRAGE: Erklären Sie den Begriff freie Presse.
ANTWORT: Wenn meine Mutter meine Hosen für mich
            bügelt.

FRAGE: Welche Staatsform hat Großbritannien?
ANTWORT: Anarchie.

FRAGE: In welcher Staatsform leben wir in der
            Bundesrepublik Deutschland?
ANTWORT: Hartz IV.

Nichts als Zahlen

Es ist nicht nötig, den Lehrer zu verstehen.
Vertragen muss man sich mit ihm.

Eine ganz neue Welt betritt der Schüler mit der Welt der Zahlen, denn Abstraktionsvermögen auf dieser Ebene hat er nie zuvor in seinem Leben für denkbar gehalten. Wer sich in dieser parallelen Welt am Ende zurechtfindet, ist, wie so vieles im Leben, von vornherein nicht abzusehen. Oft bleibt also nur der schwere Weg des ständigen Hinten-dran-Seins und Nichtmittkommens, bis der Groschen fällt oder auch nicht. Eines sollte man aber nicht vergessen, gerade in der Mathematik und in den Naturwissenschaften: Nicht selten in der Geschichte der Menschheit waren es vermeintliche Fehlleistungen, die die Entwicklung vorangetrieben haben. Und wenn nicht unmittelbar, dann haben sie oft die entscheidenden Denkanstöße geliefert.

Und was macht man, wenn man jetzt eine Lösung, die nicht vorgegeben ist, nicht weiß!?

Der Kreis ist eine geometrische Figur, bei der an allen Ecken und Enden gespart wurde.

Der Kreis ist ein rundes Quadrat.

Ein Kreis ist eine Linie, die immer gleich weit von der Mitte weg ist.

Wenn ein Kreis nicht rund ist, ist es eine Ellipse.

Mathematik ist nichts Konkretes. Das sind ja nur Zahlen.

Ich hab noch nie was mit drei Unbekannten gehabt.

Jetzt muss ich nur noch die beiden Brüche durcheinander-dividieren.

Erweitere den Term $(a + b)^n$:

$$= (a \ + \ b)^n$$
$$= (a \ \ \ + \ \ \ b)^n$$
$$= (a \ \ \ \ \ + \ \ \ \ \ b)^n$$

etc.

Letzte Stunde haben wir eine Formel abgelitten.

Das Produkt aus Divident und Divisor heißt Kotzjend.

Das Produkt verdoppelt sich um die Hälfte.

In Mathe hatten wir Differenzen.

Drei mal drei minus ein mal eins ist doch vier?

$2\,^1/_3$ ist ein mehrstimmiger Bruch.

Ein durch sich selbst geteilter Hund kann sein Bein nicht mehr heben.

Das kann man herausfinden durch Berechnung mit dem Taschenwert.

Ein Quadrat ist ein Würfel, nur länger.

Ein Quader ist ein langes Quadrat.

Grundlagen der Mathematik:

Minuent – Manuent = Differenz
Produzend × Produzent = Produkt
Dividend : Divisor = Äquator
Das Ergebnis der Division heißt Diktatur.

Wir haben gelernt, wie man mit dem Kreisel eine Parallele konstruiert.

In einem rechtwinkligen Dreieck sind alle vier Winkel 90°.

Find x (berechne x):

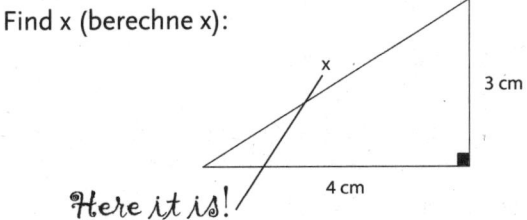

Here it is!

Unsere Lehrerin stand vorn an der Tafel und zeigte auf ihre Kurven.

An dem einen Ende sollte das eine kleine runde Ecke und an dem anderen Ende eine große runde Ecke sein.

Die bionomischen Formeln kapier ich nicht!

Das ist doch nicht schwer. Ich meine, dass euch das keine Probleme bereiten dürfte, das nicht zu verstehen!

Die Wohnung von meinen Eltern ist 100 Kubikmeter groß.

Ich dachte, Quadratmeter ist nur, wenn es vier-eckig ist, und Kubikmeter, wenn es etwas ungünstig geschnitten ist.

Bei Punktsymmetrie verlaufen die Winkel durch den Mittelpunkt.

$$\frac{1}{n}\sin x = ?$$
$$\frac{1}{\not{n}}\sin\!\!\!/\,x =$$
$$\mathrm{si}x = 6$$

Sinus, Kosinus, Haselnuss!

Quadrat, Rechteck, Parallelogramm und Raute verlaufen immer parallel zueinander.

Eine runde Klammer, ne normale Klammer, halt keine eckige Klammer, bloß ne runde Klammer.

Ein Rechteck ist ein Viereck, das an jeder Seite vier rechte Winkel hat.

Ein Kreis ist eine runde Linie, bei der man weder weiß, wo sie anfängt, noch wo sie aufhört.

Ein gleichschenkliges Dreieck ist ein Dreieck, das immer gleich lang ist, egal, von welcher Seite man es betrachtet.

Wenn man eine Säge nimmt und die Zahl 2 zerschneidet, dann hat man zweimal die Wurzel von 2.

Durch null kann man nicht dividieren, weil das überhaupt keinen Wert hat.

$$\frac{\sqrt{2}}{2} = \sqrt{}$$

Ich erklär euch gern, dass eins und eins eins ist!

Über die Potenz der Gleichung lässt sich sagen, dass sie impotent ist.

Das Quadrat ist gleich groß. Wenn nicht, nennt man es Rechteck.

Ein schönes rundes achteckiges Quadrat.

Ein mathematischer Punkt ist ein Winkel, bei dem man beide Schenkel abgeschnitten hat.

Kluge Fragen, noch klügere Antworten

FRAGE: Was an meiner Frage ist unklar?
ANTWORT: Die Antwort.

FRAGE: Herr Schmidt fährt mit seinem Auto 20 m/s. Die zulässige Höchstgeschwindigkeit beträgt 60 km/h. Wie kann er herausfinden, ob er zu schnell fährt?
ANTWORT: Er könnte auf seinen Tacho schauen.

FRAGE: Herr Meier isst jeden Tag ein Ei, seine Frau und seine beiden Kinder essen jeden Samstag und Sonntag je ein Ei. Wie viele Eier essen die Meiers durchschnittlich im Jahr?
ANTWORT: Auf jeden Kopf fallen im Jahr 169 Eier und ein Viertel.

FRAGE: Erklären Sie den Dreisatz.
ANTWORT: Anlauf nehmen und dann so weit wie möglich springen.

FRAGE: Was ist die Hälfte von 199?
ANTWORT: 100 Rest 1.

FRAGE: Aus wie vielen Litern besteht ein Kubik-
           meter?
ANTWORT: Ja, aber Liter ist doch für Wasser und Kubik-
           meter für Wohnungen.

FRAGE: Wie nennt man Zahlen, die zusammen-
           gezählt werden?
ANTWORT: Suvenir.

FRAGE: Wo ist der Scheitelpunkt?
ANTWORT: Meistens auf dem Kopf.

$$\lim_{x \to 8} \frac{1}{x - 8} = \infty$$

$$\lim_{x \to 5} \frac{1}{x - 5} = \text{ហ}$$

Alles ist relativ

Montagmorgen, zehn nach acht und
die Woche nimmt kein Ende.

Der Mensch experimentiert ja schon als Kind ganz gern,
allerdings tut er das meist nicht systematisch, sondern aus
Lust und Laune. Was ihn jedoch nicht davon abhält, aus
seinen Experimenten gewisse Schlussfolgerungen zu
ziehen – seien es auch die falschen. In Physik kann der
Schüler dann munter weiter experimentieren, so die landläu-
fige Vorstellung. Pustekuchen! In Wahrheit ist es der Lehrer,
der vorne spielt, und die anderen müssen zuschauen und am
besten noch klatschen, wenn ein Experiment wider Erwarten
doch gelungen ist. Wen wundert es da, dass die unbeteiligten
Zuschauer die Lust verlieren, abschalten und als Folge
manches missverstehen.

Der technische Fortschritt bringt uns vieles, was wir
sonst nicht hätten.

Der Mond ist kleiner als die Erde. Das liegt aber auch
daran, dass er so weit weg ist.

Die Erde dreht sich 365 Tage lang jedes Jahr. Alle vier
Jahre braucht sie dazu einen Tag länger, und das ausge-

rechnet immer im Februar. Warum, weiß ich auch nicht. Vielleicht, weil es im Februar immer so kalt ist und es deswegen ein bisschen schwerer geht.

Galileo Galilei hat entdeckt, wie man die Erde in Bewegung versetzt. Aber später wollte er es nicht mehr wahrhaben.

Isolatoren sind Stoffe, die warm halten wie mein Pullover.

Schon Einstein sagte: Alles ist relativ. Dies ist die Einstein'sche Relativitätstheorie.

Den Treibstoff für die Flugzeuge nennt man Clerasil.

Die Erde beschreibt eine epileptische Bahn um die Sonne.

Die Schwerkraft betrifft alle. Besonders stark ist sie im Herbst, wenn die Blätter von den Bäumen fallen.

Prüfungsfrage

FRAGE: Ein Jäger zielt auf ein in 50 m Entfernung stehendes Wildschwein. In Folge seines Restalkoholgehalts schwankt sein Gewehrlauf um 1°. Um wie viel Meter verfehlt die Kugel das Schwein?

ANTWORT: Das Wildschwein ist der Tangens des Winkels alpha.

Die Astronauten haben auch entdeckt, dass das Hinterteil vom Mond auch nicht so glatt und rund ist.

Juri Gagarin war der erste bemannte Raumfahrer.

Im Farahdibakäfig ist die Spannung weg.

Gase lassen sich zusammenpressen, bis es nicht mehr geht.

Gase sind sehr leicht. Deshalb steigen sie immer nach oben. Dort können wir sie riechen.

Zu den vier Elementen gehören auch das Wasser und die Luft. Das Wasser ist sehr mächtig, aber auch wenn es sehr stark drückt, kann man es meistens noch halten. Die Winde dagegen können durch nichts zurückgehalten werden.

Die Zeit, wenn ein Stoff zur Hälfte zerfallen ist, nennt man Halbzeit.

Eine Kettenreaktion ist, wenn man beim Radfahren nach hinten tritt und es dann bremst.

Ein Schatten entsteht, wenn man eine Lichtquelle diagonal mit einem lichtdurchlässigen Körper gegenüberstellt.

Vorne ist es heller als dunkel.

Wenn man am Meer Ferien macht, kann man die
Ebbe und die Flut genau sehen. Das erledigt der Mond.
Immer bei Ebbe zieht er das Wasser vom Land weg ins
Meer.

Wasser schmilzt bei 100° Celsius.

Der absolute Nullpunkt ist die Stelle des Thermometers,
wo es gefriert.

Ein Fieberthermometer kann nicht so kalt messen
wie ein Thermometer für das Wetter. Deshalb ist es auch
unten kürzer.

Also, ich würde es parallel hinter den Kondensator
schalten.

Durch die Entdeckungen von Kopernikus wurde auf
einmal das ganze Weltbild verrückt.

Energie kann nicht verlorengehen, weil sie nicht davon-
laufen kann.

Nicht alle Körper sind gleich schwer. Das
kommt auf ihren physischen und moralischen
Zustand an. Mein Vater sagt oft, heute sei
sein Kopf wieder besonders schwer.

Bei einer Mondfinsternis steht die Sonne zwischen Mond
und Erde. Deshalb wird es dunkel.

Ein Körper steht fest, wenn er standfest ist. Er kippt um, wenn der Mittelpunkt leichter ist als der Schwerpunkt.

Bei einem Gewitter muss man schnell alle Fenster im Auto hochkurbeln. Dann hat man einen Fahrrad-Käfig und der Blitz kann nicht hereinkommen.

Die Ladung glich sich allmählich aus, und der Zeiger ging endgültig in den Ruhestand.

Die warme Luft steigt hoch und sinkt dann wieder, wenn sie erkältet ist.

Gleichladige Ladungen stoßen sich ab.

Das hört sich schon von der Optik her so an!

Wechselspannung bedeutet, dass die 220 V aufgeteilt werden, damit die Spannung nicht so groß ist.

Zu einer Sonnenfinsternis kommt es, wenn sich der Mond senkrecht zur Sonne befindet.

Die Sonnenfinsternis bringt Dinge ans Licht, die sonst verborgen bleiben.

Ein Quantensprung ist, wenn ein Elektron von einer Quante in eine andere springt.

Alpha-Strahlung ist viel gefährlicher, weil sie die Haut des Menschen auffrisst.

Ich weiß, dass ein Regenbogen eine ganz normale Mischung aus Regen und Sonne ist!

Porzellan gehört zu den elektrischen Eselatoren, das auch an Hochspannungsleitungen zu finden ist.

Metalle weisen eine gute elektrische Leidfähigkeit auf.

Es ist ein Thermopeter eingebaut, und wenn es zu heiß wird, meldet er das und der Föhn wird automatisch abgeschaltet.

Dann berührt der Klöppel die Klingel und der Stromkreis ist gestört.

Wenn ich die Spannung anlege, erzeugt das Messgerät bei mir einen Ausschlag.

Ein Kurzschluss ist, wenn eine Leitung einen ungewollten Weg geht und somit auf eine andere Stromleitung stößt.

Mit diesem Vorfahren verschweißt man Eisenbahngleise.

Die Vermessung ist mit der Mathematik, der Astronomie und der Gastronomie verwandt.

Vermessungstechnik hat sehr viel mit Astrologie zu tun.

Eine Mondfinsternis entsteht, wenn der kleinere Mond hinter der Erde verschwindet und ihn so die Sonnenstrahlen nicht mehr treffen, wodurch er erleuchtet wird.

Die Sonnenfinsternis wird verursacht, wenn sie ganz im Erdschatten verschwindet.

Strom ist eine Energie aus der Elektrizitätslehre.

Strom ist ein fließender Elektronenfluss.

Mehrere hintereinanderfolgende Ladungen nennt man Strom.

Strom ist eine umgewandelte Form der Energie, die man vom Elektrizitätswerk erhält.

Er ist durch die chemikalischen Teilchen gepferdet.

Der Widerstand, der durch die Länge des Bügeleisens entsteht, ist höher als die Energie, die beim Verbrauch verlorengeht.

Gleichnamige Pole ziehen sich an, ungleichnamige Pole ziehen sich aus!

Wasser in 1 m Tiefe ist wärmer als in 5 m Tiefe. Das kann man ganz leicht überprüfen, indem man einen Arm in 1 m tiefes Wasser und den anderen in 5 m tiefes Wasser hält.

Je größer die Geschwindigkeit, desto kleiner bist du am Ziel.

Kluge Fragen, noch klügere Antworten

FRAGE: Was ist die höchste Frequenz, die das menschliche Ohr wahrnehmen kann?
ANTWORT: Mariah Carey.

FRAGE: Wie könnte das Aufstellen von Mobilfunkmasten die Gesundheit der Anwohner möglicherweise beeinträchtigen?
ANTWORT: Sie könnten betrunken dagegenlaufen und sich den Kopf einrennen.

FRAGE: Was könnte dafür sprechen, in der Nähe eines Kraftwerks zu wohnen?
ANTWORT: Man bekommt seinen Strom schneller.

FRAGE: Wie legte Celsius seine Thermometer-Skala fest?
ANTWORT: Er ließ Wasser frieren und machte dort eine Null. Dann nannte er es Thermometer.

FRAGE: Wer war Carl Benz?
ANTWORT: Ein berühmter Erfinder, der das Benzin erfunden hat.

FRAGE: Wie kann man Strom selber herstellen?
ANTWORT: Mit dem Computer.

FRAGE: Was ist der Unterschied zwischen Gleichstrom und Wechselstrom?
ANTWORT: Beim Gleichstrom fließt der Strom immer geradeaus, der Wechselstrom kommt aus der Steckdose.

FRAGE: Nennen Sie verschiedene Eigenschaften des Wassers.
ANTWORT: Es ist weiß.

FRAGE: Wie lässt sich die Standfestigkeit eines Körpers erhöhen?
ANTWORT: Indem man die Beine breit macht.

FRAGE: Wie hieß der erste Mensch im Weltall?
ANTWORT: James T. Kirk.

FRAGE: Warum sehen wir einen Baum auf einer grünen Wiese?
ANTWORT: Die Lichtstrahlen scheinen auf den Baum, und der Baum explodiert das Licht in unsere Augen.

FRAGE: Wie muss die Lage der Linse verändert werden, damit das Bild größer wird?
ANTWORT: Die Linse muss entfernt werden.

FRAGE: Nennen Sie verschiedene Möglichkeiten, Holz zu verbinden.
ANTWORT: Nägel, Nutten und Federn.

FRAGE: Wie ist der Urknall entstanden?
ANTWORT: Gott ist geplatzt.

FRAGE: Wie wird Strom in Kälte umgewandelt?
ANTWORT: Mit einem Winterlator.

Die Chemie stimmt

Ordnung ist das halbe Leben,
ich lebe in der anderen Hälfte.

Ähnlich wie im Fach Physik verhält es sich in der Chemie,
nur sind gerade am Anfang die Zusammenhänge nicht so
leicht zu durchschauen, weil die wesentlichen Vorgänge dem
Auge verborgen bleiben. Einen Vorzug gibt es dann aber
doch: In der Regel klappen die Versuche im Chemieunterricht
besser als die des Kollegen aus der Physik, und damit kann
man bei den Schülern punkten. Ob die Schüler ihrerseits
beim Lehrer punkten können, steht auf einem ganz anderen
Blatt: Denn auch hier kommt es auf akribische Kleinarbeit
an und natürlich auf Präzision. Begeisterung alleine reicht
leider nicht aus. Doch kühne Geister lassen sich selbst von
abenteuerlichen Begleitumständen nicht abschrecken.

H_2O ist heißes Wasser, CO_2 kaltes Wasser.

Säuren können ächzend wirken.

Brom ist ein halogener Stoff.

Eine gesättigte Lösung besteht aus Lösungsmittel,
gelösten Teilchen und Badesalz.

Um chemische Erektionen zu beschleunigen benutzt man einen Kanalysator.

Das Atom ist positiv geladen und steckt die negativ geladenen Teilchen an.

Fluor ist, glaube ich, das größte, aber mit dem kleinsten.

Zu einem Mineralwasser gehört alles, wo Mineralien drin sind, wie Eisen, Blech, Blei und andere Sachen.

Es tritt eine Ionenbildung auf, und nach einer gewissen Zeit ist der Höhepunkt erreicht und es geht nichts mehr.

Unter einer homologen Reihe versteht man den Aufbau einer Kohlenwasserstoffkette durch Einschub beziehungsweise Erweiterung eines bestimmten Glieds.

Chemie ist, wenn es stinkt und qualmt. Bio ist, wenn es sich bewegt, und Physik ist, wenn nichts klappt.

In der Chemiestunde haben wir Stoffe durchgenommen, die wir mit Nase und Auge beschreiben sollten.

Wenn ein Stoff eine andere Protonenzahl hat, dann ist es auch ein anderer Stoff.

Wenn man ein geruchloses Gas riecht, ist es vermutlich Kohlenmonoxid.

Die Metalle zerschlugen wir in einer Porzellanschale mit einer Schutzbrille auf der Nase.

Aus dem Gefäß spritzen Funken, und es kommen kleine Explusionen zum Vorschein.

Manche Stoffe darf man nicht miteinander reagieren, denn dann reagieren sie sehr gefährlich.

Wenn man keine Schutzbrille verwendet, können dabei Blindheitsschäden entstehen.

Der pH-Wert ist ein Wert, um die Potenz von H+-Ionen anzuzeigen.

Bevor man die Alkalimetalle ins Wasser wirft, muss man die Ozonschicht abkratzen.

Das Magnesiumatom springt auf das Sauerstoffatom.

Das Magnesiumatom lässt seine 3. Hülle fallen.

Das Entstehen des Eisenoxids kann verhütet werden.

Das Eisen sang auf den Grund des Reagenzglases.

Der Treibhauseffekt wird in erster Linie durch Platin verursacht. Seine Konzentration beträgt 73 Prozent.

Kupfer und Eisen verschmelzen zu einer Legion.

Die wichtigsten Luftbestandteile sind Kohlenstoffdioxid, Quecksilber und Blei.

Eine Destillation ohne Inhalt ist eine Vakuumdestillation.

Mathematische Gleichungen sind immer gleich garantiert richtig. In der Chemie funktioniert das nur in der Theorie.

Chemische Gleichungen ziehen einen Versuch mit sich, mathematische nicht.

Der Alltagsname für $CaSO_4$ ist Coca-Cola.

Jedes Metall kann das rechts von ihm abschaffen.

Außerdem kriegt man, wenn man die Haare mit hartem Wasser wäscht, grüne Haare, die einem zu Berge stehen.

Als wir das Meerwasser erhitzten, verdampfte das Salz, und wir konnten es trinken.

Silberkörner schwimmen oben. Man kann diese dann herausfischen. Man nennt dies schlemmen.

Für unser Destillationsexperiment haben wir dann den Liebeskühler verwendet.

Die Elektrolysen greisen um den Kupferchlorid.

Eine Salz-Sole ist der Eingang, wo Felsen die Salzdüfte ausstrahlen.

Wenn man ein Stück Metall mit Sauerstoff erhitzt, erhält man eine Explusion, die auch zum Tod führen kann. Solch eine Anwendung verwendet man zum Autogen Schweißen.

Stoffe, die sich mit Sauerstoff verbinden, nennt man Ochsid.

Als Nachweismittel dient der Universaldiktator.

Natronlauge wird auch als Abbeißmittel verwendet.

Kluge Fragen, noch klügere Antworten

FRAGE: Woraus besteht der Atomkern bei Goldatomen?
ANTWORT: Aus Patronen.

FRAGE: Nennen Sie einen Nebeneffekt bei der
                   Verbrennung fossiler Brennstoffe.
ANTWORT: Feuer.

FRAGE: Woraus besteht ein Atom?
ANTWORT: Aus Kern und Kruste.

FRAGE: Mit welchem Gerät konzentriert man
                   Alkohol?
ANTWORT: Mit dem Scheidungsrichter.

FRAGE: Wie entfernt man Schmalzflecken?
ANTWORT: Zuerst waschen und dann mit Schleifpapier rausschmirgeln.

FRAGE: Was können Sie über die Ameisensäure sagen?
ANTWORT: Ich wusste gar nicht, dass Ameisen auch rosten.

FRAGE: Nennen Sie drei Säuren.
ANTWORT: Salzsäure, Schwefelsäure, St. Peter-säure.

FRAGE: Wie gewinnt man Salz aus dem Meer?
ANTWORT: Man fährt mit dem Schlepper raus und fängt es mit dem Netz ein.

FRAGE: Erklären Sie kurz den Begriff »hartes Wasser«.
ANTWORT: Das Wasser hat verschiedene Härtegrade. Der härteste ist Eis.

FRAGE: Wie werden im Wasserwerk Bakterien abgetötet?
ANTWORT: Durch die Erhitzung des Wasserwerks.

Von Bienen und Blumen

Schule ist kostenlos, oft sogar umsonst.

Nichts interessiert einen Menschen mehr als die brennende Frage, woher er kommt und wohin er geht. Die Biologie versucht diese Frage auf sehr anschauliche Weise zu beantworten, und so kommt es auch, dass sie zu den beliebtesten Schulfächern überhaupt zählt. Jeder, ob Lehrer oder Schüler, kann irgendwie mitreden, denn in die Biologie muss man nicht erst lange eingeführt werden, man ist von Lebensbeginn an mittendrin. Wenn Schüler dann überraschenderweise doch einmal mit einer ganz anderen Perspektive aufwarten, ergeben sich ungeahnte Möglichkeiten für die Zukunft der menschlichen Rasse und unseres Planeten.

Weil es immer wieder vorkommt, dass Menschen einfach sterben, muss es neue geben. Das ist der Beischlaf.

Wenn man Kinder haben will, muss man entweder Sex machen oder heiraten.

Bevor sie heiraten, müssen Mann und Frau gründlich prüfen, ob sie mit allen wichtigen Teilen zueinanderpassen.

Schwanger werden ist einfach, dafür nimmt die Mama so einen Papierstreifen und pinkelt drauf. Das ist alles.

Das Kind entsteht mit Hilfe seines Vaters im Unterleib der Mutter.

Zum Fortpflanzen ist der Mensch an bestimmte technische Voraussetzungen gebunden. Das ist vor allem beim Mann der Fall. Die Frau ist nicht an eine bestimmte Paarungszeit gebunden.

Wer seinen Körper ständig in Bewegung hält, fördert seinen Nachwuchs. Man soll seine Organe ständig in Übung halten, und dazu dienen die leiblichen Übungen.

Die sogenannten Geschlächtsteile kann man nur zu zweit benutzen.

Vor der Aufklärungswelle war der Geschlechtsakt eine Schweinerei, über die man nicht sprach. Heute ist sie erlaubt und macht Spaß.

Biologie ist, was in der Biotonne geschieht. Physik ist Mathematik und was in der brennenden Kerze vorgeht.

Bei den meisten Leuten ist die Liebe mit dem Unterleib verbunden. Bei manchen geht sie aber auch durch den Magen.

Frauen bekommen Kinder, wenn sie viele Eier essen.

Wenn eine Frau ein Baby bekommt, wird sie Gebärmutter.

Erst wenn ein Ei einen Sprung bekommen hat, kann das
Kind im Bauch der Mutter heranwachsen.

Die Zelle teilt sich in eine Eizelle und drei Polkörper.
Die Polkörper dienen ihr als Nahrung auf ihrem langen
und beschwerlichen Weg durch den Eileiter.

Bei der Temperaturmethode misst die Frau unmittelbar
nach dem Aufwachen der Körpertemperatur.

Bei der Vererbung, die im Allgemeinen von den
Eltern auf die Kinder geschieht, hält man sich am
besten an die Mendel'schen Gesetze. Wenn man diese
übertritt, wird man mit einem Wasserkopf oder so
bestraft.

In der letzten Mitosephase sind die Chromosomen
abgeschraubt.

Durch fehlerhafte Teilung der Mimose
kann es zu Erbkrankheiten bei Menschen
kommen.

Man spricht vom Turner-Syndrom, wenn in der Eizelle ein
fehlerhaftes Verhalten der Frau vorliegt.

Eineiige Zwillinge sind solche Zwillinge, die sich ein Ei teilen müssen. Bei den zweieiigen hat jeder eins.

Das neue Wesen wächst im Bauch, aber weil Mami krank ist, macht es diesmal filleicht mein Vater. Sein Bauch ist schon gröser geworden, aber er hat uns noch nichts veraten.

Wenn Babys noch ganz klein sind, haben die Mamis sie im Bauch. Da können sie nicht geklaut werden.

Gerichtlich ist ein Embryo schon lebend.

Vom vierten Monat an werden beim Embryo die Geschlechtsteile angelagert.

Die Geschlechtsteile braucht der Mann in der Hauptsache für das Leben zu zweit.

Männer und Frauen sind gleich, aber sie unterscheiden sich durch ihre Frisur.

Mann und Frau lassen sich schon von außen her auf einen Blick unterscheiden. Da sind zunächst einmal die Haare, sie sind beim weiblichen Geschlecht länger, obwohl das heutzutage manchmal schwer zu erkennen ist, vor allem von hinten.

Die Männer haben primäre Geschlechtsmerkmale, die Frauen sekundäre Geschlechtsmerkmale.

Der sogenannte kleine Unterschied zwischen Mann und Frau ist in der Regel am Unterleib des Mannes festzustellen.

Die monatliche Blutung bei den Frauen heißt Mutation.

Es hat sich herausgestellt, dass der Unterschied zwischen Mann und Frau doch nicht so groß ist wie ursprünglich angenommen. Deshalb wurde er durch das Grundgesetz völlig abgeschafft.

Wenn Frauen zu viel Männersamen abbekommen, wachsen ihnen kleine Bärte.

Der Mensch ist ein Säugetier. Er saugt sein Leben lang viel Flüssigkeit in sich hinein.

In der Mitte des Bauches liegt der Nabel. Dort war die Leine befestigt, mit der die Hebamme das Baby aus dem Bauch der Mutter herausgezogen hat.

Der menschliche Körper besteht aus mehreren Teilen: Kopf, Oberkörper mit Armen, Unterleib mit Beinen. Der wichtigste Teil ist der Unterleib, weil sich dort alle lebenswichtigen Vorgänge abspielen.

Die Wirbelsäule ist ein aus vielen Knochen zusammengesetzter Knochenschlauch, der den ganzen Rücken herunterläuft. Auf dem oberen Ende sitzt der Kopf, auf dem unteren wir selber.

Im Wirbelkanal läuft der Rückenmarkt.

Alles, was beim Menschen dranhängt, nennt man Extremitäten.

Der Bewegungsapparat besteht aus den Füßen.

Die Ohren sind die Antennen des Menschen, die alle Geräusche aufnehmen. Damit ihnen nichts entgeht, muss man sie von Zeit zu Zeit putzen.

Die Ohrläppchen sind von oben bis unten fest mit dem Kopf verbunden. Wenn man aber zu viel daran zupft, leiern sie am unteren Ende aus.

Bei guter Pflege kann das Herz der meisten Menschen ohne weiteres ein Leben lang aushalten.

Beim Herz spricht man auch von einem Schließmuskel.

Das Blut fließt in einem Bein nach unten, im anderen wieder nach oben.

Danach gelangt das Blut von den Arterien in die Kordilleren.

Die Haut umgibt den Körper und schützt ihn.
Sie hält Schmutz und Wind vom Fleisch und von den Innereien ab. Deshalb muss man sie auch immer

ordentlich schrubben, damit der Schmutz nicht nach innen dringt.

Beim Schwitzen wird die Haut undicht, und das Wasser sickert raus.

Der Mensch hat an seinem Körper mehrere Öffnungen, aber nur mit einer kann er reden.

Die Lunge braucht immer frische Luft. Die verbrauchte stößt sie wieder aus. Meistens geschieht das durch den Mund und die Nase. Aber manchmal nimmt sie auch einen anderen Weg. Das hat die Umwelt nicht so gern.

Wenn man atmet, haucht man ein. Wenn man nicht atmet, haucht man aus.

Jeder Mensch hat zwei Ausscheidungsorgane, eines für den groben Abfall und eines für die Abwässer.

Der Mensch hat zwei Ausscheidungsorgane, die Blase und den Popo. Wenn die nicht ausreichen, kann man im Notfall den Mund zu Hilfe nehmen. Mein Onkel sagt, ihm kommt es sogar manchmal aus den Ohren raus.

Der Mensch hat sechs Sinne: den Gesichtssinn, den Hörsinn, den Geruchssinn, den Orientierungssinn, den Eigensinn und den Stumpfsinn.

Wenn man kurzsichtig ist, geht man zum Optimisten und lässt sich eine Brille verschreiben.

Bei Erkältungen sollte man Spray in die Nase sprühen, bis sie in den Hals tropft.

Ein Skelett ist ein Mensch, der bis auf die Knochen abgemagert ist.

Wenn man gestorben ist, ist man meistens tot.

Der Sonntagnachmittag war interessant. Wir gingen in den Zoo und besuchten dort meine Patentante.

Wenn man Nasenbluten hat, sollte man den Kopf so lange nach unten halten, bis das Herz anhält.

Alfred Brehm war Direktor im Zoo und erfand dort das Tierleben.

Der Tierpark ist toll. Da kann man Tiere sehen, die gibt's gar nicht.

Der Tierpark heißt Tierpark, weil darin Tiere geparkt werden. Alle Tiere sind eingezäunt, aber die Menschen dürfen lose herumgehen.

Bei den Affen stehen immer die meisten Besucher, weil sie sich da hingezogen fühlen.

Die Wärter müssen die Tiere lieben wie ihre Frauen, aber keine Angst davor haben.

Wenn junge Hunde das Licht der Welt erblicken, können sie das gar nicht. Sie sind erst mal blind. Erst später gehen ihnen die Augen auf.

Der Hund hat ein langes Rückgrat, das am Kopf anfängt und an den Hinterbeinen als Schwanz raushängt. Der Schwanz ist erst dick, wird dann immer dünner und hört schließlich ganz auf.

Viele Hunde gehen gern ins Wasser. Manche leben sogar immer dort, das sind die Seehunde.

Hunde haben zwei besonders gut ausgebildete Sinne: das Schnüffeln und das Beinheben.

Die Bernhardinerhunde finden die Menschen auch unter tiefem Schnee, weil die Verschütteten riechen, wenn sie tot sind.

Der Hund hat auch in seinem hinteren Teil noch je zwei Mahlzähne.

Die Katzen haben alle Gefühle in den Schnurrhaaren.

Egal wo die Katze herunterfällt, immer ist bei ihr da unten, wo sie ihre Pfoten hinhält. Deshalb kommt sie auch immer schnell auf die Beine.

Bei der Maus ist der Schwanz lang und undicht beharrt.

Der Geopard ist der schnellste Läufer!

Der Einzige, der ein Leopardenfell wirklich braucht, ist nämlich der Leopard.

Die Kuh ist ein vielseitiges Tier: Sie gibt Milch, Butter, Käse, Schlagsahne, Rahm und Kalbfleisch.

Die Vorfahren von den jetzigen Rindern sind die Auaochsen.

Die Kuh ist für uns lebensnotwichtig.

Die Kühe brauchen nicht viel Futter, weil sie alles zweimal fressen.

Vorher zermalmt die Kuh das Gras ein bisschen mit den Vorderknochen. Nach einer Weile kommt ihr das wieder hoch und sie kaut es jetzt sorgfältig durch.

Butter wird aus Kühen gemacht. Sonst heißt es Margarine.

Die Milch des Bauern schmeckt einfach am besten.

Der Ochse hat ein männliches Geschlecht, das Fräulein hat ein weibliches Geschlecht.

Schwarze Kühe haben mehr Chromosomen als weiße. Nach einer Paarung der zwei schwarzen Kühe entsteht aber dann mindestens eine weiße Kuh, da noch Chromosomen der Großeltern vorhanden sind. Wenn man die beiden schwarzen Kühe paart, besteht die erste Tochtergesellschaft aus gleichen braunen und schwarzen Kühen.

Der Stier muss für Nachwuchs sorgen, und deshalb werden ihm die schönsten Kühe in die Arme getrieben.

Heute wird bei den Kühen eine künstliche Befruchtung vorgenommen. Das ist praktisch und billiger, weil da der Tierarzt, der den Stier ersetzt, gleich mehrere Kühe auf einmal hernehmen kann.

In der Landwirtschaft geht es heute anders zu als noch bei meinem Opa. So geht der Stier jetzt nicht mehr auf die Kuh, sondern der Samen wird ihm von einer falschen Attrappe abgenommen, und die Kuh wird künstlerisch besamt.

Die künstliche Befruchtung macht ganz allein der Tierarzt mit dem Bullen.

Die künstliche Befruchtung der Kuh übernimmt der Bauer anstelle des Bullen.

Wenn man kranke Kühe isst, kriegt man ISDN.

Es muss dringend etwas getan werden. Wenn noch lange saurer Regen auf die Wiesen fällt und die Kühe das saure Gras fressen, geben sie nur noch saure Milch.

Eines der nützlichsten Tiere, die wir besitzen, ist das Schwein. Von ihm kann man alles verwenden, das Fleisch von vorn bis hinten, die Haut für Leder, die Borsten für Bürsten und den Namen als Schimpfwort.

Der Landwirtschaftsminister ließ die Bauern zusammenkommen, denn die Schweine fraßen zu viel.

Im Gegensatz zur Kuh kann man den Schweinen beim Kauen zuschauen.

Das Schwein verdient seinen Namen zu Recht, denn es ist auch eines.

Für die Schweine werden Zuchthäuser errichtet.

Die Schafe sind besonders nützliche Tiere. Solange sie jung sind, dienen sie dem Essen, später macht man Pullover aus ihnen.

Schafe dienen zur Wolle oder zum Käse. Wenn sie jung sind, auch zum Essen, aber da heißen sie noch Lamm.

Die Schafe werden geschärt, danach wird daraus Schur gemacht.

Das Fließ der Schafe wird dürr und hager, sodass man sie im hohen Gras nicht mehr sieht.

Die Schafe können das Grundwasser einfach so aufnehmen.

Die Ziege ist das einzige weibliche Säugetier, das einen Bart trägt.

Das Geweih von Hirschen und von Rentieren besteht aus Metall. Das weiß ich ganz genau.

Der Hase hat viele Feinde. Vor allem Raubvögel und Jäger bringen ihm den Tod. Wenn der Jäger einen Hasen sieht, sucht er sein Heil in der Flucht, die er hakenförmig ergreift.

Unsere Häsin hat seit drei Tagen Junge. Vorher hat sie ein schönes Nest gemacht aus Laub und Stroh. Dann hat sie sich die Haare aus dem Bauch gerupft und das Nest ausgepolstert. Welche Mutter würde das tun?

Der Vogel fliegt zum Teil weg, zum Teil bleibt er hier.

Im Winter fahren viele Vögel in den Süden, weil es dort wärmer ist.

Die Vögel fressen dann die vergifteten Insekten, und selber kommt der Mensch auch einmal dran.

Das Auge des Adlers ist so scharf, dass es hoch in der Luft eine Maus aus ihrem Loch kriechen sieht.

Ein Schwan sieht ja nur so aus, weil er einen langen Hals hat, ohne den ist er ja auch nur eine Gans.

Der Uhu und der weibliche Uhu, der Eule heißt, sind Nachttiere. Das heißt, sie sehen nachts besser als die Menschen. Dafür sind sie am Tag sehr kurzsichtig. Damit sie nicht an die Bäume prallen, schlafen sie bis zum Einbruch der Dunkelheit.

Eulen hören mit ihren Augen, weil sie gar keine Nase haben.

Auf dem Dorf haben die Spatzen ein leichtes Leben. Dort finden sie oft wohlschmeckende Äpfel, die ihnen die Pferde voll Dampf hinterlassen.

Der Kuckuck ist ein Schmarotzer, weil er seine Eier nicht der eigenen Frau zum Ausbrüten überlässt.

Der Kuckuck legt seine Kinder einfach in andere Nester, um sich so die Miete zu sparen.

Im Winter legen die Hühner keine Eier, weil ihr Eierloch zufriert.

Wir haben zu Hause einen Zwergenhahn, der unsere Hennen fast nicht derbuckln kann.

Dass der Storch die kleinen Kinder bringt, ist eine unbewiesene Behauptung, wo man denselben auftischt, damit sie nicht immer so blöd fragen.

Im urzeitlichen Meer schwammen hauptsächlich Panierfische.

Viele Vögel gehören bei uns inzwischen zu den gefährlichen Tierarten, weil man sie stark in ihrem Lebensraum beschnitten hat. Dies gilt besonders für Hecken und Häuser.

Alle Fische legen Eier. Die russischen sogar Kaviar.

Die Aale und viele andere Fische legen Leichen ab. Nur so können sie sich vermehren.

Die Fischbabys haben wir in ein Leichenbecken getan.

Die Fischstäbchen sind schon lange tot. Die können nicht mehr schwimmen.

Der Walfisch ist gar kein richtiger Fisch, weil er ein Säugetier ist. Deshalb hat er auch ein so großes Format.

Angeschwommene Haie können jeden erwischen, der ihnen in die Quäre kommt.

Die Verwandlung der Kaulquappe zum Frosch nennt man Menstruation.

Die Schlangen jagen vielen Leuten einen Schrecken ein. Sogar unsere Tante Adele hat Angst davor, und die wiegt hundert Kilo.

Die Ringelnatter legt taubengroße Eier, die von der Sonne gebrüht werden.

Die Kreuzotter hat Wirbel mit Kugellagern.

Regenwürmer können nicht beißen, weil sie vorne und hinten nur Schwanz haben.

Die Seidenrauben haben sich in der Neuzeit so weiterentwickelt, dass sie jetzt auch Kunstseide spinnen können.

Die Schmetterlinge verdanken ihr Leben einer Raupe.

Die Larve ist eine Haut, in der der noch nicht ganz ausgebildete Käfer lebt.

Ich soll rauskriegen, wie der Hirschkäfer aussieht, wenn er ein Weibchen ist.

Nachdem sich der Kartoffelkäfer lange Zeit zurück-gehalten hat, vermehrt er sich jetzt wieder wie der Teufel.

Die Schnecke ist männlich und weiblich zugleich, je nachdem, wie sie Lust hat.

Die Schnecke hat eine Leimdrüse an der Fußsohle, somit kann sie an glatten Stellen nicht ausrutschen.

Weil die Schnecken Angst haben, dass ihr Haus geklaut wird, tragen sie es immer mit sich herum.

In der Paarungszeit ist der ganze Teich mit Leichen übersät. Nur aus den befruchteten schlüpfen später auch Frösche.

Die Blattläuse haben hinten etwas Süßes.

Die böse weibliche Spinne nennt man Tarantella.

Die Bienen haben hinten einen spitzen Stachel und vorne hervorstechende Kastenaugen.

Die Augen der Bienen verlaufen ineinander im Gesicht.

Die Biene sammelt den Nektar mit ihrem Honigschnabel.

Die Bienen setzen sich auf einer Röhrenblüte nieder und befruchten sie.

Mit dem Rüssel nimmt die Biene den Blütenstaub und versetzt ihn dann in die Höschen, die am Hinterleib hängen.

Die Bienen kleben sich ihre Hosen an die Beine.

Die Vertiefung im Hosenbein der Biene ist wie ein Eimer.

Der Pollen wird in die Hosentaschen der Biene mit den Hinterbeinen gesteckt, im Stock wird die Tasche ausgeleert.

Abends schwärmen die Bienen von den Wiesen und fliegen zurück in ihren Stock.

Die Bienenkönigin hat ein langes und dickes Hinterteil.

Die Bienenkönigin hat die Aufgabe, die Waben zu befruchten.

Die Königin hat in ihrem Körper so einen Beutel, wo sie die Samen aufbewahrt. Sie legt den Samen in eine Wabe, und dort entstehen Bienen. Die kleinen Königinnen zieht sie in einer gurkenförmigen Wabe auf. Sie bekommen die königliche Mahlzeit.

Bevor der Heiratsflug beginnt, haben die Drohnen eine Drohnenschlacht, und die Königin nimmt sich die Sieger.

Mit der Königin fliegen die überlebenden Drohnen, die aber dann von den Arbeiterinnen abgeschlachtet werden. Das nennt man Drohnenschlacht.

Die Bienenkönigin gibt den Honig durch Erwürgen an andere weiter.

Die Drohnen haben keine Säcke an den Beinen. Außerdem befruchten sie die Eier und sterben daran.

Die Drohne ist dick und faul, denn sie ist männlich.

Wie heißen die Dinger nochmal? Ich hab's gleich! Mandarinenkäfer.

Der größte Dinosaurier war der Bronchitis, aber er ist leider ausgestorben, weil er so viel gehustet hat.

Ein Fossil ist ein ausgestorbenes Tier. Je älter es ist, desto ausgestorbener.

Und dann haben wir unter dem Mikroskop verschiedene Mikroorgasmen untersucht.

Bevor man die Bazillen sieht, muss man ein bisschen auf die Glasplatte machen und dann möglichst vergrößern.

Es gibt zweierlei Bakterien, gute und böse. Die bösen überfallen die Menschen und bringen ihnen eine Grippe, die guten lassen es sich im Käse wohlsein und bringen ihm guten Geschmack bei.

Die Staubsauger der Blüten nehmen den Schmutz von den vollen Hosen der Bienen herunter.

Die Blumen stehen unter Denkmalschutz.

Die Tulpen, die Tomaten und der Kopfsalat kommen fast alle aus holländischen Zuchthäusern und haben nie das Licht der Sonne erblickt.

Das Gras war den Rindern zu hart, deshalb pflanzten sie andere Sachen an.

Die Pilze wachsen bei Nacht, da sie kein Blattgrün besitzen.

Die Pilze ernähren sich von Grundwasser. Sie haben kein Blattgrün und können auch nicht die Hyposythese entwickeln.

Aus den Kautschukbäumen macht man durch entsprechendes Bearbeiten die vielseitigsten Sachen wie Gummi, Radiergummis, Gummireifen oder Gummibärchen.

Beispiel für Osmose: der Staubsauger. Er nimmt den ganzen Dreck auf, aber spuckt nichts mehr aus.

Die Bäume und alle anderen Gemüse müssen die Colahydrate der vorüberbrausenden Autos einatmen. Notgedrungen geben sie sie beim Essen an die Menschen weiter.

Der Urwald ist ein Ort, wo die Hand des Menschen niemals richtig Fuß fasst.

Kluge Fragen, noch klügere Antworten

FRAGE: Wie heißt eine befruchtete Eizelle?
ANTWORT: Kind.

FRAGE: Wieso haben menschliche Embryonen weit abstehende große Zehen?
ANTWORT: Weil alle Lebewesen ursprünglich aus dem Wasser kommen. Früher waren da mal die Schwimmhäute.

FRAGE: Nennen Sie ein Beispiel für das Turner-Syndrom.
ANTWORT: Tina Turner.

FRAGE: Nenne sechs Tiere, die in der Arktis leben.
ANTWORT: Zwei Eisbären, vier Robben.

FRAGE: Was geschieht mit einem Jungen während der Pubertät?
ANTWORT: Er verabschiedet sich von seiner Kindheit und betritt die Welt der Erwachsenen.

FRAGE: Wo befindet sich das Schienbein?
ANTWORT: Hinter dem Schienbeinschützer.

> **FRAGE:** Welche Faktoren beeinflussen das Herzinfarktrisiko erheblich?
> **ANTWORT:** Sterben oder leben.

FRAGE: Nennen Sie ein Verhütungsmittel.
ANTWORT: Ununterbrochener Geschlechtsverkehr.

FRAGE: Zähle verschiedene Fischarten auf.
ANTWORT: Hecht, Aal, Scholle, Hering, Barsch, Goldfisch, Fischstäbchen.

FRAGE: Was ist ein Rassehund?
ANTWORT: Wenn dem Hund sein Opa auch schon ein Hund war.

FRAGE: Die Kuhmilch enthält 3 bis 4 % Fett. Warum ist das so?
ANTWORT: Damit das Euter beim Melken nicht quietscht.

FRAGE: Nenne Gefahren für unser Grundwasser.
ANTWORT: Wenn man ganz dreckige Fische ins Wasser tut.

FRAGE: Was macht die Eidechse, wenn sie bedroht wird?
ANTWORT: Sie wirft den Schwanz ab. Dieser zappelt und läuft weiter.

FRAGE: Wie heißen die Abschnitte der Wirbelsäule?
ANTWORT: Halswirbel, Lendenwirbel, Steißbein und Schwanz.

FRAGE: Nennen Sie eine heimische Säugetierart.
ANTWORT: Vogel.

FRAGE: Was ist eine Kalorie?
ANTWORT: Ein halbes Tictac.

FRAGE: Wie heißt das Geschlechtsteil des Keilers?
ANTWORT: Keilriemen.

FRAGE: Was sind wechselwarme Tiere?
ANTWORT: Wenn man einem Frosch ein Thermometer reinschiebt, wechselt er seine Temperatur.

FRAGE: Welche gefährliche Krankheit kann der Fuchs übertragen?
ANTWORT: Vogelgrippe!

FRAGE: Wie überwintern Schnecken?
ANTWORT: Sie ferkricht sich in irem haus und fült das Loch mit einer Zementplatte.

FRAGE: Welches Enzym hat man im Mund?
ANTWORT: Karies.

Die Erde, auf der wir wohnen

Die Liebe der Schule wächst mit der Entfernung.

Erdkunde ist, um einen etwas wackeligen Vergleich zu ziehen, so etwas wie die Biologie unseres Planeten und damit ebenfalls bestens geeignet, um in die Reihe der beliebtesten Schulfächer aufgenommen zu werden. Während die Biologie versucht, das Leben und die dafür notwendigen Bedingungen zu beschreiben, werden in Erdkunde die Bedingungen beschrieben, die wir tatsächlich auf der Erde vorfinden. Und genau hier liegt auch der Schlüssel, um zu verstehen, wie Schüler zu ganz außergewöhnlichen Erkenntnissen gelangen. Wir finden zwar – mehr oder weniger – alle dieselben Lebensbedingungen vor, nehmen sie jedoch ganz unterschiedlich wahr. So eröffnen uns die in diesem Kapitel gesammelten Weisheiten ganz neue Perspektiven.

Genau wie die Erde ist auch der Mond ein Planet, nur etwas toter.

Die Menschen haben fast alle Elemente ganz gut im Griff, nur die Winde können wir nicht halten.

Der Mensch lässt rücksichtslos Gase in die Luft entweichen, sodass es zum stinkenden Regen kommt.

Die Nordhalbkugel dreht sich entgegengesetzt zur Südhalbkugel.

Längenkreise heißen auch Mittagslinien, weil dort immer mittags die Sonne scheint.

Eine Halbinsel ist eine Insel, die noch nicht ganz fertig ist.

Eine Insel ist ein Stück Land, das ganz alleine im Meer steht, nur von Wasser umgeben. Eine Halbinsel dagegen ist eine Insel, die sich noch nicht von der festen Mutter Erde trennen konnte und sich mit einer Hand noch an ihr festhält.

Die Jahre, in denen der Februar 29 Tage hat, nennt man Wechseljahre.

Die Wolken müssen oft große Strecken und in schnellem Tempo zurücklegen. Sie geraten dabei heftig ins Schwitzen, und dann regnet es.

Wenn die Luft oben wärmer ist als im Winter, spricht man von einer Invasionswetterlage.

Die verschmutzte Luft ist in den Großstädten besonders dick, weil dort die Abgase und Ausdünstungen der Industrie, der Autos und besonders vieler Menschen zusammenkommen.

In der Tropfsteinhöhle ist es sehr nass, denn es tropft von oben und von unten.

Der Windschutz ist notwendig für die Bauern wegen der Erektionsgefahr.

Der Bauer muss Kartoffeln mähen und Eier zählen.

Der Bauer in der DDR war vollmechanisiert.

Die wichtigsten Bodenschätze in Deutschland sind die Steinkohle, die Braunkohle und die Kartoffel.

Die Entwicklung vom Akrar- zum Industriestaat verzog sich sehr langsam.

Die meisten Gastwirte in Mittenwald und Garmisch-Partenkirchen ernähren sich von Sommerfrischlern.

Wie der Name schon sagt, stammt die Steinkohle aus der Steinzeit, die Braunkohle ist noch nicht so alt. Die Holzkohle dagegen ist erst in unserer Zeit erfunden worden.

In der Nachkarbonzeit bildete sich durch die Auffaltung der Saarbrücker Sattel, der aber mittlerweile von den Bergleuten schon abgetragen worden ist.

Die heutigen Gebirge entstanden durch die Austrocknung von Meeren und deren Faltung.

Der Ätna ist ein sehr tätiger Vulkan. Erst im letzten Jahr hatte er wieder eine gewaltige Erektion.

Durch den Nebenkrater suchen sich die Gase einen neuen Weg, wenn der Hauptkrater durch erkältete Lava verstopft ist.

Das Gas schleudert das Magma, das in der Zwischenzeit zu Lava geworden ist, viele Meter in der Gegend umher.

Der Mount Everest ist mit fast 9000 Metern das höchste Gebäude der Erde.

Solche Berge gibt es nur in den Bergen.

Besonders im Sommer ziehen sich die Klätscher ins Gebirge zurück.

In den Alpen wurde der meiste Wald für die Skifahrer gerodelt.

Die Schneegrenze hat sich an den Gletscherwänden hochgezogen.

Oben kommt das Wasser sauber in den Gletscher und unten kommt es als Abwasser bräunlich in den See.

Die Touristen rennen in jedem Sommer völlig kopflos in unseren Bergen herum. Sie holen sich gebrochene Arme und Beine und manchmal sogar den Tod.

Die Alm liegt hoch im Gebirge. Dort ist der Senner und die Sennerin. Im Frühjahr wird aufgetrieben, im Herbst abgetrieben.

Die Bewässerungen erfolgen durch Wassergräben, die von den Hauptgräben weiter in die Töchter- und Söhnegräben führen.

Die zweite Revolution passierte mit den Touristen. Sie brachten Geld. Sie gaben ihnen nicht viel zum Essen, mit dem Geld aber konnten sie doppelt so viel anbauen.

Der Schwarzwald ist so groß, dass man darin herumlaufen kann, bis man schwarz wird. Daher hat er auch seinen Namen.

Was meint ihr, was aus den Gräbern alles ins Grundwasser gelangt – da trinkt man seine eigene Oma!

Ein Frühwarnsystem ist ein Gerät, das an einer Boje angebracht ist, es spürt jedes Beben, und dann wird es an eine Station geleitet und ein Alarm kann ausgelöst werden.

Im Geografie-Unterricht lernten wir vom großen Fluss Mrs Sipi.

Der Sankt-Lorenz-Strom liegt in Amerika. Er ist so lang und breit, dass er in Europa gar keinen Platz hätte.

Der Nil entspringt in der Schweiz. Der Nil ist 3000 km lang und 4000 km breit. Auf den letzten 2700 km verdunstet der Nil. Die Menschen ernähren sich vom Nil, denn er gibt ihnen Schlamm.

Wenn der Nil über die Ufer tritt, werden die Ägypter fruchtbar.

Jedes Jahr kann man sehen, wie der Po gewaltig anschwillt.

Am Rhein wird nicht nur Wein angebaut, sondern auch ein reger Schiffsverkehr. Man kann schon oberhalb Basel rheinschiffen.

Das Bekannteste an Frankfurt sind die Würstchen, das Berühmteste ist Goethe.

Bayern ist ein beliebtes Ferienziel. In den meisten Orten gibt es besondere Büros für den fremden Verkehr.

Wenn der liebe Gott auch das Wetter macht, bringt er oft etwas durcheinander. Ich kenne das von meinem Opa, und Gott ist ja auch noch viel älter. Deshalb stimmt auch der Wetterbericht oft nicht.

Der bekannteste Fluss in Indien ist der Jordan.

Die Ebbe kann ungehindert ausfließen.

In Deutschland ist es viel einfacher, Urlaub zu machen, weil man hier alle Leute versteht, wenn man etwas wissen will. Aber in Italien und Spanien scheint dafür Tag und Nacht die Sonne, und man spart dadurch viele Kleider.

Sandstrand, der im Landesinneren liegt, nennt man in südlichen Ländern Wüste.

Beneluxus ist ein Land zwischen Deutschland und Frankreich, in dem lauter ziemlich reiche Leute in Luxus leben.

Frankreich ist in verschiedene Appartements aufgeteilt.

Zu den Nachbarländern von Frankreich gehören Österreich, Dänemark und die Türkei.

Die Franzosen lieben die Zentralisierung, während die Deutschen mehr das Alleinsein mögen.

England unterscheidet sich von Deutschland vor allem dadurch, dass es überall an der Küste liegt.

Engländer sind vielseitig verwendbar. Mein Vater repariert mit ihm das verstopfte Waschbecken.

Die offenen Kamine in England sind sehr unpraktische Heizanlagen. Wenn man davor steht, kann man vorne braten und hinten klappert man mit den Zähnen.

Im Britischen Empire ging die Sonne niemals unter, weil Großbritannien im Osten liegt, aber die Sonne im Westen untergeht.

Ich glaube, die Frauen kommen alle aus Schottland. Deshalb müssen sie Röcke tragen.

Die meisten Urlaubsländer im Süden sind in den Sommerferien übergelaufen.

Eine beliebte Eigenschaft der Engländer ist das Schlangestehen. Sie tun es, so oft sich ihnen die Gelegenheit bietet.

Venedig ist von vielen kleinen Flüssen und Bächen durchkreuzt. Das größte Stück festes Land liegt auf dem Markusplatz, den die Italiener Pizza nennen.

In Venedig kann man auf einem Gondoliere durch die ganze Stadt stochern, und wenn man ein gutes Trinkgeld spendiert, singt er dabei lauthals.

An manchen Stellen ist das Meerwasser so salzig, dass die Fischer dort Salzheringe fangen können.

Griechenland ist durchschnittlich 2178 Meter hoch.

Kolumbus wollte beweisen, dass die Erde flach ist wie eine Pizza, und dabei entdeckte er Spanien.

Die Größe der Touristen ist auf Menorca kleiner als auf Mallorca.

Auf der Expedition in den Urwald wäre er fast an einem tödlichen Schlangenbiss gestorben.

Portugal hat nur eine Landgrenze.
Der Rest ist vom Atlantik umzingelt.

Die Länder werden dann, wenn ein Atomkraftwerk ausbricht wie in Ungarn, alle versäucht.

In Lappland wohnen zwei Sorten Menschen. Die reichen Lappen fahren im Rentiergespann, die armen Lappen gehen zu Fuß. Daher der Name Fußlappen. Auch wohnen dort die Menschen sehr dicht zusammen. Daher das Sprichwort: Es läppert sich zusammen.

Grönland besteht aus viel Eis und wenigen Menschen.

Afrika ist ein armes Land, das überwiegend von der Sonne abhängig ist.

Die Sahara ist die Grenze. Auf der einen Seite leben die Afrikaner, und auf der anderen Seite leben wiederum die Afrikaner.

In der Wüste gibt es auch Schiffe. Sie sind unter dem Namen Kamele bekannt. Sie sind sehr sparsam und können lange das Wasser halten.

In der Sahara besteht die Vegetation fast nur aus Sand und Steinen. Auf die Gegend kann man sich nicht verlassen, weil sie dauernd in den Dünen herumwandert.

Eine Prärie ist eine Wüste ohne Sand. Nomaden sind Wanderhirten, die Hirse und Mais anbauen.

Drei für Afrika typische Bevölkerungsgruppen sind die Lappen, die Mongolen und Marikaner.

Die Pygmäen sind das kleinste Volk von Afrika, und sie werden auch nicht größer.

Die Hütten bestehen aus Ästen und Blättern. Zum Schluss wird Kot von den heiligen Kühen darübergebatzt.

Weil es mit dem Wasser nicht so ganz klappt, ist auch die grüne Landschaft recht üppig.

Gegenüber der Erde liegt China.

Der Panda ist das Wampentier von China.

Die höchsten chinesischen Beamten waren Mandarinen.

Auch in Südkorea leben viele Auslandschinesen in führenden Stellen.

Der chinesische Bauer musste seine Felder aus eigener Kraft bewässern.

Die Inder sehen das Leben als Straf- und Prügelzeit an.

Japan ist kein erdbeerensicheres Gebiet.

Zusammenfassend für Thailand, Laos, Vietnam und Kambodscha sagt man auch Balkanländer.

Die Amerikaner vergessen manchmal, dass sie ja fast alle von uns abstammen und ohne uns Amerika gar nicht entdeckt hätten.

Wenn man nach New York telefonieren will, liegt dort die Zeit mindestens sechs Stunden zurück. Das liegt wahrscheinlich daran, dass Amerika nach uns entdeckt wurde.

Lateinamerika wird Lateinamerika genannt, weil man dort Lateinisch spricht. Man spricht dort Lateinisch, weil die Römer dort gelebt haben.

Die Gauchos vertrieben alle europäischen Einsiedler, sodass sich diese an der Küste ansiedelten.

Auf den Falkland-Inseln gibt es nur wenig Abwechslung für die Bewohner. In den vergangenen 25 Jahren hat es nur einen Mord gegeben.

Der südlichste Punkt auf der Erde ist der Südpol. Wegen seiner großen Kälte war er lange Zeit unnahbar. Schließlich gelang es Amundsen, ihn zu bezwingen.

Jetzt weiß ich es: Potsdam ist die Hauptstadt von Berlin!

Kluge Fragen, noch klügere Antworten

FRAGE: Was ist Geothermie?

ANTWORT: Wenn man in die Erde bohrt, wird diese ganz heiß.

FRAGE: Nenne eine Maßnahme, die man ergreifen kann, um sich vor Überschwemmungen an Flüssen zu schützen.

ANTWORT: Man kann große Dame in den Fluss bauen.

FRAGE: Aus welchem Land stammen die Menschen, die man Malaysier nennt?

ANTWORT: Malaria.

FRAGE: Welches Gebirge liegt in Baden-Württemberg?

ANTWORT: Uralgebirge.

FRAGE: Von welchem Bundesland wird Berlin umschlossen?

ANTWORT: Bremen.

FRAGE: Wie lässt sich der Begriff Erosion erklären?

ANTWORT: Wenn im Winter Wasser in die Berge fließt, explodiert es und ist nicht mehr da.

FRAGE: Nenne drei große Seen Deutschlands!

ANTWORT: Nordsee, Ostsee, Südsee.

FRAGE: Wie sind die Alpen entstanden?

ANTWORT: Die Erde ist ausgetrocknet und hat dann Falten bekommen. Deswegen heißen die Alpen auch Faltengebirge.

FRAGE: Was sind die Pyramiden?

ANTWORT: Die Pyramiden sind ein Gebirgszug, der Frankreich und Spanien trennt.

FRAGE: Nennen Sie drei skandinavische Länder.

ANTWORT: Holland, Schweden, Nordpol.

FRAGE: Nennen Sie sechs Länder, die an die Bundesrepublik grenzen.

ANTWORT: Holland, Niederlande, Schweden, Spanien, Portugal, England.

FRAGE: Wie heißt der längste Fluss Deutschlands?
ANTWORT: Nil.

FRAGE: **Mit welchem Gerät misst man die Stärke von Erdbeben?**
ANTWORT: **Mit dem Epiliergerät!**

FRAGE: Nennen Sie die deutschen Bundesländer.
ANTWORT: Niedersachsen, Niederaden, China.

FRAGE: Wie nennt man Spanien und Portugal noch?
ANTWORT: Skandinavien.

FRAGE: Wie nennt man die nicht sesshaften Völker?
ANTWORT: Maden!

FRAGE: Wo auf der Welt wird Baumwolle angebaut?
ANTWORT: Auf Schafen.

Weltanschauungen

Ich denke, also bin ich hier falsch.

Wissenschaftlich kommt man nicht in jedem Fall weiter, und das gilt auch für die Schule. Auch wenn die Wissenschaft sich redlich darum bemüht, Antworten auf alle nur erdenklichen Fragen zu finden: Der Stein der Weisen wurde bisher noch nicht entdeckt. Um drängende Fragen dennoch beantworten zu können, behilft man sich dann mit anderen Erklärungsmodellen, bei welchen man, um seriös zu bleiben, einfach von gewissen Annahmen ausgeht und auf diese ein logisches Denkmodell mit historischem Bezug aufsetzt. Ziemlich schlau gedacht, aber Schüler sind oft noch schlauer. Warum nicht einfach mal eine ganz neue Weltanschauung entwickeln? Wenn man es nur richtig herleitet, kann man so ziemlich alles erklären. Und was bedeuten schon vermeintliche Fakten in einer Disziplin, die selbst an Wunder glaubt?

Adam und Eva lebten in Paris.

Die Eva gab dem Adam einen unreifen Apfel, und im Schweiße seines Angesichts musste er sie heiraten.

Und der liebe Gott sagte: Ihr dürft keine Äpfel naschen, sonst ziehe ich euch die Hosen stramm!

Das kann bedeuten, dass Gott ein guter Mensch ist und niemandem etwas Böses tun will.

Der liebe Gott ist ein großer Herr mit einem dichten weißen Bart. Ich habe ihn aber noch nie gesehen. Bei der Konfirmation meiner Schwester war er da, der Herr Pfarrer hat es gesagt. Aber da war es zu voll.

Wenn ich Sünden getan habe, ist der liebe Gott böse mit mir und schimpft. Das kann ich aber nicht verstehen, weil er so leise spricht und lateinisch.

Die vier Evangelisten teilt man ein in Petrus und Paulus und noch zwei andere weniger bekannte.

Als Josef und Maria schwanger wurden, bekamen sie ein Kind.

Maria und Josef hatten nicht viel Geld und mussten im Stall übernachten, sodass Jesus zur Geburt eine Grippe bekam.

Jesus macht ein fröhliches Gesicht. Am Ende der Auferstehung floss wieder Blut durch seine Adern.

Durch seinen Tod nimmt Jesus alle Sünden auf sich und leidet die Endzeit ein.

In Kanada wirkte Jesus sein erstes Wunder.

Petrus ging zur Türhüterin und wärmte sich.

Abraham war schon bald 100 Jahre alt und konnte noch immer keinen Sohn gebären.

Der Nikolaus ist 5000 Jahre alt und wurde von Coca-Cola erfunden. Das habe ich in der Zeitung gelesen.

Martin Luther stand mit einem Bein im Mittelalter, mit dem anderen in einer noch nicht vorhandenen Neuzeit. Trotzdem vermehrten sich seine Anhänger rasch.

Der Papst nahm Luther richtig in Acht und der Kaiser in Bann.

Petrus war der treuste Apostel. Später ging er in den Zirkus und ließ sich von den Löwen fressen.

Der Papst schickte Martin Luther mit der Bahn eine Buhlin zu. Diese aber verbrannte er vor dem Elstertor zu Wittenberg vor allen Leuten in der Öffentlichkeit.

Als Martin Luther vom Reichstag zurückkehrte, folgte ihm der Bulle des Papstes auf dem Fuß.

Alle Welt horchte auf, als Luther 1517 seine 95 Prothesen an die Schlosskirche zu Wittenberg schlug.

Während Luther auf dem Weg nach Worms schlief, zogen leise Winde durch die Ritzen der Wagenplane.

Martin Luther hielt sich auf einer Burg versteckt, der Ronneburg.

Luther befand sich auf dem Weg zur Wartburg. Acht Bullen vom Papst verfolgten ihn auf Schritt und Tritt und mussten verhüten, dass ihn jemand bei sich unterschlüpfen ließ.

Als Luther die Bannbulle vom Papst mit seiner Exkommunizierung erhielt, verbrannte er sie zusammen mit seinen Studenten.

Ganz oben sind die Fürsten. Darunter kommen dann die Bischöfe und Päpste.

»Es geht nicht«, sagte Papst Impotenz III. und lehnte händeringend die Bittgesuche der Pfarrer und Geistlichen ab, die sich eine Frau nehmen wollten.

Der Teufel ist ziemlich wasserscheu. Deshalb spritzt der Priester auch in der Kirche herum.

Die Römer verfolgten die Christen, weil sie die öffentliche Liebe propagandierten.

Was werden eigentlich Männer im Himmel, wenn die Engel alle Frauen sind?

Ohne Brot und Wein kann man nicht leben. Es sind die Leibgerichte der Christenheit.

Das Amt in der Kirche ist nur dazu da, um der Gemeinheit zu dienen.

Beim Roten Kreuz widmen sich Männer und Frauen der Liebe. Manche tun es umsonst, andere bekommen es bezahlt.

Ja, also der Kirchenstaat ist dann zu so 'nem Futzel zusammengeschrumpft. Und da wohnt so ein Mensch, der heißt Papst!

Die Missionare haben in Afrika und in anderen dunklen Ländern zahllose unglaubhafte Menschen christallisiert.

Eine katholische Schwester kann nicht austreten, da sie zeitlebens im Kloster leben muss.

Unser Pfarrer hat gesagt, wir sollen jeden Tag eine gute Tat tun. Jeden Tag habe ich keine Zeit oder keine Lust. Aber so zweimal bis dreimal in der Woche stehe ich jetzt der Frau Kessler zur Verfügung.

Die Erzengel, sind das Adam und Eva?

Einen richtigen Osterhasen gibt es nämlich gar nicht. Bei uns versteckt mein Vater immer seine Eier. Das habe ich selber gesehen.

Ich betrat den Frisörsalon, grüßte Gott und setzte mich.

Ein Fräulein, welches weiblich ist, soll für einen männlichen Knaben keinen Paten machen.

Und dann gehen die Erstkommandanten in die Kirche.

Der Aschermittwoch erinnert, dass der Mensch staubig ist und wieder in den Staub fallen wird.

Man entscheidet nicht wirklich selbst, wen man heiratet. Gott entscheidet das für dich lange im Voraus, und dann wirst du sehen, wen er dir da an den Hals hängt.

Durch die Taufe wird uns die Erbsünde vergeben, wenn wir sie aufrichtig bereuen.

Als Emil aus dem Beichtstuhl kam, hatten die ihn wieder reingewaschen, und er strahlte wie ein Putzeimer.

Ich bin zwar nicht getauft, dafür aber geimpft!

Am meisten haben wir uns an Weihnachten über die Grippe gefreut. Die ganze Familie hat sie sehr bewundert.

Der Adpfent ist die schönste Zeit im Winter. Die meistn haben im Winter eine Grippe. Die ist mit Fieber. Wir haben auch eine, aber die ist mit Beleuchtung und man schreibt sie mit K.

Ein König ist dem Papa im letzten Adpfent beim Putzen abigefallen und er war dodal hin. Jetzt haben wir nur mehr zwei heilige Könige und einen heiligen Batman als Ersatz.

Weihnachten ist das Fest der Liebe, aber meine Mutter sagt, dass sie Weihnachten überhaupt nicht mag, weil sie da immer so viel Stress hat. Bei dem ganzen Trubel würde sich Jesus im Grabe umdrehen, aber der ist ja auferstanden.

Zu uns ist das Christkind gekommen und nicht der Weihnachtsmann! Wir haben nämlich keinen Kamin, sondern eine Zentralheizung.

Zu Allerheiligen waren wir auf dem Friedhof. Es war sehr feierlich, denn der Pfarrer besprang mit seinem Wedel die Friedhofsbesucher.

Außer der Hauptstraße, welche das Rathaus, die Apotheke sowie die Gasthöfe zum Adler, Ochsen und Lamm enthält, gibt es noch zwei Abwege, von denen der eine zur Evangelischen, der andere zur Katholischen Kirche führt.

Als die Firmung vorbei war, traten wir alle aus der Kirche aus.

Wenn Leute austreten, finden sie nur schwer in die Gesellschaft zurück.

Ein Wadie ist ein Mensch, der seinen Glauben wechselt von evankelisch zu katolisch.

Die Russen und Griechen sind meistens Ododochsen.

Die Moslems dürfen viele Frauen haben. Die Christen nur eine. Das nennt man Monotonie.

In den muslimischen Schulen gibt es keine Bänke. Mit übereinandergeschlagenen Beinen hängen die Schüler an den Lippen ihrer Lehrer.

Die Bibel der Moslems heißt Kodak.

Die Inder werden in einem Kasten geboren, den die Götter für sie ausgesucht haben. Die ursprünglichen Kasten waren: die Kuh, der Hund, der Mensch, die Katze.

Die Heidenkinder und ihre Eltern beten die Sonne und andere Gespenster an.

Anfang letzten Jahrhunderts ist Gott gestorben.

Die Menschen von heute müssen sich dringend mit der Zukunft befassen, denn sie liegt unmittelbar vor uns.

Der freie Mensch darf nicht verletzt oder ermordet werden.

Die Griechen waren die ersten Philosophen der westlichen Welt. Sie taten sich leichter damit, weil sie weder griechisch noch lateinisch lernen mussten.

Am besten spricht man über Probleme, bevor sie da sind. Dann lassen sie sich später umso leichter beiseiteräumen.

Die alten Griechen haben sich und ihre Gedanken nach langen Gesprächen oft gegenseitig befruchtet, zum Beispiel Platon und Aristoteles. Daher spricht man auch von der platonischen Liebe.

Sokrates wurde von den Kindern des Plato fast aus dem Omnibus gedrängt.

In der Ehe muss man die Pflichten ausüben, sonst wird die Frau böse.

Was das eheliche Zusammenleben von Mann und Frau betrifft, mangelt es stark an fehlender Intoleranz.

Das Problem mit den alten Leuten wird es wohl immer geben. Wenn auch viele Alte sterben, wachsen doch immer welche nach.

Wenn in einem Haus oder Block jemand stirbt, helfen meistens die Einwohner zusammen und gehen zusammen mit einem Kranz stiften.

Niemand darf gezwungen werden, einen Menschen zu ermorden, wenn er dabei ein schlechtes Gewissen hat.

Kriegsdienstverweigerer können sich auf das Recht berufen, dass sie nicht mit einer Waffe in der Hand gezwungen werden dürfen, den Kriegsdienst zu machen.

Und wenn man kein Gewissen hat, muss man halt zum Wehrdienst.

Kluge Fragen, noch klügere Antworten

FRAGE: Was ist die Seele?
ANTWORT: Ein katholisches Organ.

FRAGE: Nennen Sie drei große Weltreligionen.
ANTWORT: Christentum, katholisch und evangelisch.

FRAGE: Bist du katholisch?
ANTWORT: Nein, ich bin deutsch.

FRAGE: Wo gibt es einen Erzbischof?
ANTWORT: Im Bergwerk.

FRAGE: Erkläre das Sakrament der Ehe.
ANTWORT: Die Vereinigung erfolgt vor dem Priester.

FRAGE: Mit welcher wichtigen Frage befasste sich der junge Luther und zu welcher Erkenntnis kam er schließlich?

ANTWORT: Er fragte sich, warum das Christentum in katholisch und evangelisch gespalten ist. Er versuchte das Christentum wieder zusammenzuführen, aber es wurde abgelehnt.

FRAGE: Wo ist Jesus uns auf der Erde erschienen?

ANTWORT: Auf einem Toastbrot.

Von der Muse geküsst

Ich liebe Graffiti. Ich gehe überhaupt
gerne zum Italiener essen.

Es lässt sich mit Bedauern feststellen, dass die musischen Fächer
im Allgemeinen an unseren Schulen etwas zu kurz kommen.
Gerade mit Musik und der Malerei lassen sich Gefühle doch am
unmittelbarsten ausdrücken. So verwundert es denn auch nicht,
dass das Anfertigen von diversen Zeichnungen oft in andere
Schulstunden verlegt wird, aber das ist ein anderes Thema.
Doch ganz unabhängig davon, dass es die Natur der Schul-
fächer Kunst und Musik schwermacht, sprachliche Stilblüten zu
pflücken, lassen sich dennoch einige ungewöhnliche Erkennt-
nisse aus dem folgenden Kapitel gewinnen.

Beim Besuch in der Kunstausstellung sahen wir Bilder
von Renoir und anderen Imperialisten.

Die Mona Lisa hat Leonardo da Vinci gemalt, der auch in
Titanic mitgespielt hat.

Obwohl Mona Lisa nicht weiß, wo sie herstammt, und
auch nicht, wie ihr richtiger Mann heißt, zieht sie seit
über 400 Jahren mit ihrem unergründlichen Lachen die
Menschen in seinen Bann und ins Museum.

Im Hintergrund sind weitere Frauen zu sehen und außerdem ein Haus mit Schaufenster, wo rotes Licht herausstrahlt. Am linken Rand erkennt man eine Frau, die möglicherweise ihrem Geschäft nachgeht.

Die Räumlichkeit des Bildes erscheint vorne spitz zulaufend, aber nach hinten, im Hintergrund des Bildes eher rund, da man die Menschenmasse als Haufen sieht.

Das Grundprinzip der Fotografie besteht darin, dass man auch in dunklen Räumen mit Hilfe von Hilfsmitteln gut fotografiert werden kann.

Später entstanden die ersten Kameras, die genau dieses Prinzip nutzten. In ihnen war ein dunkler Bereich, der belichtet wurde. In diesem Bereich befand sich ein Film, auf dem das Motiv gezeichnet wurde.

Durch ein Loch gelingt Licht in die Kamera.

Bei Nahaufnahmen mit viel Schärfe kann man vom Objekt, was man fotografieren möchte, das, was vorne ist, gut erkennen und auch, was dahinter ist.

Der Film wurde schon in der Kamera gedruckt.

Bei der Camera obscura wird das Licht reflektiert, und das Objektiv spiegelt und verkleinert das Objekt.

Richtig bekannt wurde die Camera obscura erst durch Pablo Picasso, der die Lochkamera für seine Gemälde nutzte. Dies war Ende des 11. Jahrhunderts.

Über dem Hafen und der Landschaft ist ein Meer, dessen Wasser bläulich rot ist, und auch der Fluss entspringt aus dem Meer. Der Hafen liegt in einem abendlichen Nebel, welcher von dem Rot des Sonnenuntergangs umgeben ist.

Und jetzt gestaltet das mal mit einem neutralen Grau farbig!

Des Weiteren ist für den Erfolg einer Werbung ein gutes Image oder Werbestil notwendig. Dieser ist nötig, um dem Kunden geistliche Befriedigung zu schaffen.

Die Einstellung ist die Grundvoraussetzung des Films und die Beweglichkeit der Kamera.

Im filmischen Medium ist es möglich, Kausalitäten oder hintereinander sich aufeinander beziehende Folgen zu zeigen.

Die filmische Zeit schwankt mit Hilfe von gegebenen Mitteln durch die Zeiten.

Die Filmschauspielerin Marlene Dietrich ist vor allem deshalb so berühmt geworden, weil sie von Kopf bis Fuß auf Beine gestellt war und diese auch freigiebig gezeigt hat, wobei sie dazu sang.

Ein Torso ist eine Art zerstörter Körper, allerdings kann man noch erkennen, was es darstellen soll, weil nur einige Körperteile abgeschlagen sind. Früher wurden in Kriegen oft die Nasen, Arme, Köpfe, Beine oder andere Kleinigkeiten abgeschlagen.

Das Stück endet meistens in der Tonart, in der es aufhört.

Beim Wechsel in eine andere Tonart muss man die Noten transpirieren.

Moderne Musik ist, wenn ganz andere Töne angeschlagen werden, als man erwartet.

Lehrerin im Musikunterricht bei der Verteilung der Notenständer:

»Wer jetzt noch keinen Ständer hat, geht eben hoch und holt sich einen runter.«

Orgel und Klavier unterscheiden sich vor allem dadurch, dass an der Orgel die größeren Pfeifen sitzen.

Wenn man die Trommeln schlägt, dann rasseln die Rasseln und nicht andersrum.

Der Dirigent, der alles genau überblickt, gibt jedem Mitspieler einen Wink, damit er weiß, wann er muss.

Zur Einweihungsfeier spielten ein paar Männer mehrere Liedertexte.

Anton Bruckner war ein berühmter Organist und Kompost.

Wolfgang Amadeus Mozart kam praktisch mit dem Klavier auf die Welt und wurde jedes Jahr größer mit ihm.

Mozart hat seine Lieder aus der Jukebox.

In Leipzig haben viele Komponisten und Künstler gelebt und gewürgt.

Mozart war mit einem reichen Innenleben ausgestattet, sonst hätte er diese wunderbaren Töne nicht alle hervorbringen können. Die ganze Welt ist heute noch von seiner Musik ganz benommen.

Als Mozart tot war, hat einer alle seine Kompositionen gezählt und nummeriert und eine Liste gemacht.
Sie heißt das Knöchelverzeichnis.

Neulich Sonntag war ein Konzert von Mozart im Radio. Es begann mit einer Widmung an Tante Non-troppo.

In der Aufführung, die mir sehr gefallen hat, sangen unter anderem der Chor der Staatsoper München und der Gefangenenchor aus Nabucco.

Er braucht dringend eine neue Hose für seine Tätigkeit als Musiker, weil er in der alten keine Musik mehr machen kann.

Beethoven hörte immer weniger, bis er schließlich nichts mehr sah.

Johann Sebastian Bach war der Berühmteste. Es gab auch noch andere Bäche, aber die waren nicht so fruchtbar.

Im Radio kommt oft ein Konzert von Antante und Allegro.

Meine Schwester ist ganz wild auf Oper. Am liebsten hört sie Riegoletto und das Nachtlager von Gran Canaria.

Kluge Fragen, noch klügere Antworten

FRAGE: Was assoziiert ihr mit dieser Skulptur?
ANTWORT: Welches Bild?

FRAGE: Was ist ein Orgelpunkt?
ANTWORT: Des ist so was wie der G-Punkt.

FRAGE: Was wissen Sie über die Wassermusik?
ANTWORT: Sie stammt von Seefahrern ab!

FRAGE: Nenne verschiedene Schlaginstrumente.
ANTWORT: Große Trommel, kleine Trommel, Stand-
pauke.

Unsere Wirtschaftswelt

Arbeite ruhig und gediegen,
was nicht fertig wird, bleibt liegen!

Wohin die Schule einmal führen soll, lernen Schüler spätestens im Fach Wirtschaft. Es geht darum, einmal auf eigenen Füßen zu stehen, wirtschaftlich versteht sich. Die Aussagen von Schülern zum Thema offenbaren ein recht eigenwilliges und teils verblüffendes Verständnis vom Wirtschaftsleben und der Arbeitswelt, wobei eine etwas abgeklärtere Sichtweise in unsicheren Zeiten ja nicht schaden kann.
Und wie so oft gilt auch hier das Sprichwort: Kindermund tut Wahrheit kund.

Eine Hauptbeschäftigung des Papiers ist das Geld. Wie könnte man sein Geld zählen, wenn man kein Papiergeld hätte?

Frauen bekommen in vielen Berufen für gleiches Tun weniger Geld als Männer, weil sie leichter zu haben sind.

Frauen sind in den letzten Jahrzehnten schwerwiegende Teile unserer Wirtschaft geworden.

Auf dem Markt muss man sich die Standfrauen sehr genau anschauen, weil immer mal wieder eine dabei ist, die zu wenig wiegt.

Ein Arbeitgeber, der Frauen einstellt, muss immer mit einer Schwangerschaft rechnen.

Für den Arbeitgeber ist die Schwangerschaft immer unangenehm. Er muss bezahlen, ohne von der Frau etwas zu haben.

Für den Unternehmer ist die Schwangerschaft der Frau genauso lästig wie der Wehrdienst des Mannes. Vielleicht noch mehr, weil viele Frauen nach der Geburt keine Lust mehr haben, aber gesetzlich noch Gelder bekommen.

Die Steuerzahler sind unersättlich, was dem Haushalt des Staates zugute kommt.

Geld ist wichtig im Leben. Damit ich später viel davon habe, gehe ich einmal in die Börsen und werde ein gerissener Spekulatius.

Der Schuldner zahlt dem Gläubigen die Schuldsumme.

Mein Vater ist schon seit zwanzig Jahren in der städtischen Verwaltung tätlich. Auch mein Bruder hat sich in dieser Hinsicht ausgebildet und wartet auf seinen Einsatz. Ich werde auch diesen Spuren folgen.

Der Berufsberater vom Arbeitsamt hat mir sehr zugesetzt. Er hat mir alles offen dargelegt und gesagt, etwas Besseres hätte er im Augenblick nicht zu bieten.

Dabei war die Entwicklung bei den arbeitslosen Frauen günstiger verlaufen als bei Angestellten.

Einer der gewinnträchtigsten Exportartikel von Italien ist die Sonne.

Der Papa von meinem Freund ist vor kurzem zu einem Vorständer seiner Firma geworden. Deshalb glaubt Marko, dass er etwas Besseres isst.

Bei der Gründung einer GBR werden alle Unternehmer in Einzelhaft genommen.

Seien wir mal ehrlich. Die meisten Menschen gehen nicht gerne zur Arbeit.

Gastwirt ist ein schwerer Beruf. Man steht mit einem Bein hinter der Theke, mit dem anderen wegen der Polizeistunde im Gefängnis. Ein Bein braucht man für das Finanzamt.

Der Laden, wenn er Pech hat, hat kein richtiges Einkommen mehr und muss den Laden zumachen.

Im Februar hatte der Tiefstand der Arbeitslosigkeit seinen höchsten Punkt erreicht.

Also wenn er seit fünf Jahren arbeitet, dann ist er mindestens sieben.

Durch die Gleichberechtigung ist die Frau auch im Beruf zur Nebenbuhlerin geworden.

Meine Mutter arbeitet als Kassiererin auf der Sparkasse. Sie gibt den ganzen Tag Geld aus, manchmal nimmt sie auch was ein.

Sie lernten beten, damit sie gute Gläubiger sind.

Wenn man die Kunden freundlich und sachkundig berät, vermehren sie sich.

Der Staat und die Unternehmer müssen die Arbeitslosen mit allen Mitteln bekämpfen, vor allem zur Beseitigung von arbeitslosen Jugendlichen muss sich die Regierung bald etwas einfallen lassen.

Seit der neuen Regierung blickt auch die Industrie wieder mit gewinnbringenden Augen in eine aufsteigende Zukunft.

Mein Papa ist Kfz-Minister und arbeitet bei VW.

Geld ist unheimlich ungesund, weil es wimmelt von Bazillen, sagt meine Mutter. Sie weiß das genau, weil ihr das Geld nur so durch die Finger rinnt.

Von den Löhnen wird immer viel Geld abgezogen, damit sich der Staat die Finanzämter leisten kann.

Ich möchte bei Ihrer Firma einen Bus bestehlen.

Meine Schwester dagegen kann jederzeit einen Kredit aufnehmen, weil sie ein festes Verhältnis hat.

Also ein Oberzentrum hat eine Zentralität für Mittel- und Unterzentren.

Und wenn ich einmal kein Geld habe, dann gehe ich auf das Amt und lasse mir ein Armutszeugnis ausstellen.

Als Verkäuferin habe ich einen abwechslungsreichen Job. Ich sortiere, berate und verkaufe Kunden.

Wer eine eigene Firma gründen will, muss viele Gesichtspunkte abwiegen, bevor er damit handeln kann.

Alle gesuchten Leerstellen sind schon voll, bis man selber hinkommt.

Kluge Fragen, noch klügere Antworten

FRAGE: Der Verlust des Arbeitsplatzes bedeutet oft einen unerwarteten und unangenehmen Lebenseinschnitt. Nennen Sie zwei weitere

Beispiele unerwarteter Ereignisse, die sich auf das Leben auswirken können.

ANTWORT: Tod, Wiedergeburt.

FRAGE: Das Modehaus XY plant eine Filiale in Augsburg zu errichten. Welche Faktoren müssen bei der Planung berücksichtigt werden?

ANTWORT: Ist sowieso zwecklos. Die Augsburger sind eh nicht modebewusst.

FRAGE: Nennen Sie Beispiele dafür, wie die moderne EDV den Büroalltag erleichtert.

ANTWORT: EDV haben wir nicht mehr. Wir haben schon Computer.

FRAGE: Die Firma XY produziert mit ihren gegebenen Mitteln Güter, die so teuer wie möglich verkauft werden sollen. Wie nennt man dieses Prinzip?

ANTWORT: »No risk, no fun«-Prinzip.

FRAGE: **Wie nennt man den Unterschied, wenn ein Kaufmann die Waren teurer verkauft, als er sie einkauft?**

ANTWORT: **Anschmieren.**

FRAGE: Warum soll man beim Telefongespräch mit Kunden öfters Pause machen?

ANTWORT: Um Luft zu holen.

FRAGE: Nennen Sie drei bargeldlose Zahlungsarten.
ANTWORT: Kreditkarte, Bankomatkarte, Visitenkarte.

FRAGE: Wann wurde der Euro eingeführt?
ANTWORT: Im Januar.

Ganz privat

Dem Schulstress kann man leicht entgehen,
vermeidet man es aufzustehen.

So viel Lebenszeit ein Schüler auch mit Pauken und
Schwitzen verbringen mag: Die Schule ist nicht das
Wichtigste im Leben, und deshalb sollte sie sich auch nicht
so wichtig nehmen. Der beste Lehrmeister ist und bleibt
immer noch das Leben. Und dessen oft verwirrenden
Ausprägungen, skurrilen Erscheinungen und teils bedrü-
ckenden, teils erheiternden Begebenheiten begegnen
Schüler mit so manch tiefgründiger Einsicht. Auch wenn
die ein oder andere Sachlage noch nicht so ganz korrekt
erfasst wurde, hindert sie das keinesfalls daran, für die
Widrigkeiten des Alltags zuweilen recht praktische Lösungs-
ansätze zu entwickeln.

Weil ich keinen Vater und keine Schwester oder Bruder
habe, muss ich meine Mutter ganz allein unterhalten.

Eine Familie ist, wenn die Eltern Vernunft mit den Jungen
haben.

Meine Familie sind wenig, aber wir sind zufrieden.

Morgens kuschle ich immer mit Mama, da mag ich keine anderen Männer in ihrem Bett.

Ich bin am 27. Juli geboren. Komisch, genau an meinem Geburtstag!

Mein Lieblingsessen ist Schnitzl mit Baum Fritz.

Ich möchte meinen Eltern nicht immer in der Tasche herumliegen, sondern mein Geld selber verbrauchen.

Zu meinem nächsten Geburtstag bekomme ich ein neues Bett mit Matratze aus echtem Holz.

In diesem Monat war schon dreimal der Gerichtsvollzieher bei uns und hat seinen Kuckuck hinterlassen. Ich bin schon ganz verzweifelt, was er das nächste Mal wegnehmen wird. Mutter sagte, dass er auf gewisse Teile von ihr keinen Kuckuck kleben darf.

Mein Vater hat ein hartes Herz, wie meine Mutter sagt, weil das einzige Gefühl, das er zeigt, ist seine Nervosität.

Ich bekomme nur zehn Euro Taschengeld im Monat. Zum Schluss bin ich immer in große finanzielle Schwierigkeiten gewickelt.

Meine Mutter betreibt eine Boutique. Soeben sind die neusten Pariser Modelle eingetroffen, die nun bei ihr ausprobiert werden können.

Gestern hatten wir Popcorn. Das Poppen hat uns besonders großen Spaß gemacht.

Mineralwasser ohne Kohlensäure mag ich nicht, das ist mir zu flüssig.

Samstag war ich bei meinem Papa. Abends musste ich mit ihm noch Gassi gehen.

Ich habe eine Blumenvase von Tante Emma geschenkt bekommen. Sie ist ein Schwein, und wenn man Wasser in sie hineingießt, wachsen auf ihrem Rücken grüne Haare.

Immer soll ich mein Zimmer aufräumen, dabei bin ich als Kind geboren und nicht als Sklave.

Am Wochenende war es schön. Ich durfte bei meiner Kuh Sine übernachten.

Mein Opa wohnt jetzt sehr schön am Ammersee. Am Wochenende haben wir ihn besucht und tapeziert.

Im Sommer nehmen wir manchmal einen Picknickkorb mit und verzehren ihn auf einer Waldwiese.

Wenn ich Ferien an der Riviera mache, bade ich den ganzen Tag und fast immer im Wasser.

Dort werden Liegestühle vermietet, die gefüllt mit Badegästen überall herumstehen.

Ich möchte meine Ferien gerne einmal in Marokko zubringen. Aber mein Vater sagt, da fährt er nicht hin, weil das ist ihm zu teuer, und außerdem ist er dort ganz sprachlos.

Bisher waren wir im Urlaub immer in Hotels, aber dieses Jahr fahren wir auf den Kempingplatz, weil wir uns jetzt einen Wohnanfänger gekauft haben.

Einen Sonnenaufgang habe ich noch nie erlebt, weil ich noch nicht so lange aufbleiben darf.

Wenn ich meine Hausaufgaben gemacht habe, darf ich meinen Lebensabend vor dem Fernseher verbringen.

Mein späterer Mann soll auch meine Freundinnen mögen, aber er soll ja nicht mit ihnen flirten.

Bei uns soll mein Mann nicht immer sagen, was er will. Ich muss auch etwas sagen. Mein zukünftiger Mann soll nicht immer Recht haben. Ich muss auch mal oder unsere Kinder.

Wenn ich die Schule hinter mir habe, werde ich Entwicklungshelferin. Ich fahre dann zu den Frauen in Afrika und lerne, wie sie Kinder pflegen und kochen.

Ich wurde am 13. März 1989 geboren, meine Schwester sechs Wochen später.

Als meine kleine Schwester auf die Welt kam, wurde ich immer hinter sie geschoben. Sie durfte überall mitreden, obwohl sie noch nicht einmal sprechen konnte.

Meine kleine Schwester heult oft ganz arg. Meine Mutter sagt, sie ist halt zart beseitet.

Meine Schwester ist sehr krank. Sie nimmt jeden Tag eine Pille. Aber sie tut das heimlich, damit sich meine Eltern keine Sorgen machen.

Seit meine Schwester ihren neuen Freund hat, wirft sie ihm immer schmachtvolle Augenblicke zu, sobald sie nur einen Zipfel von ihm sieht.

Eigentlich wollte meine Schwester nach Hamburg ziehen. Aber ihr Freund hat sie so lange bedrängt und geliebt, bis sie nicht mehr gehen konnte.

Unsere Wohnung ist viel zu klein, und wir sind so beschränkt, dass wir nicht einmal ein zweites Bett aufstellen können.

Nach ihrer schweren Krankheit ging meine Schwester in Erholung. Als sie zurückkam, blitzten ihre Augen und sie hatte einen runden Bauch.

Meine Schwester hat ein zufriedenstellendes Verhältnis mit ihrem Lehrer. Ich kann das von mir nicht behaupten.

Meine Mama arbeitet jetzt in einer neuen Firma. Gleich gegenüber ist ein Supermarkt, wo sie nach der Arbeit ihr tägliches Geschäft erledigt.

Gestern kam meine Mutter mit einem Blechschaden nach Hause.

Mein Vater hatte nicht weniger als sieben Geschwister, nur meine Mutter stammt aus einer kinderlosen Familie.

Meine Oma ist schon alt wie ein Stein. Ihr Gesicht ist ganz zerknittert, vor allem ihre Stirne ist vielfältig. Ihre Hände zittern wie Espenlaub, aber nicht immer. Manchmal ist sie ruhig gestellt.

Mein Opa, der gestern im Krankenhaus gestorben ist, liegt jetzt als Leiche im Keller.

Mein Bruder ist erst drei Jahre alt, das ist noch ziemlich neu.

Zu meinem Geburtstag habe ich einen kleinen süßen Hund von meinen Eltern geschenkt bekommen, einen Erdölterrier.

Leider bekomme ich keine Katze, weil meine Mutter einen Vogel hat.

Wenn ich morgens im Bett liege, höre ich das Wasser rauschen. Es ist mein Vater, der schon auf ist.

Ich brauche keinen Hustensaft, ich kann auch ohne husten.

Ich bin Rosenkohl-Vegetarier.

Den französischen Käse mag ich nicht so gern. Am liebsten ist mir der deutsche, zum Beispiel Gouda oder Edamer.

Am liebsten esse ich Milchreis mit Apfelkompost.

Der Jagdherr aus der Stadt war ganz verrückt nach dem Wild. Mein Vater musste alle Nachbarn zusammenholen, und der Herr versprach ihnen eine hohe Belohnung, wenn sie es mit ihren Hunden treiben.

Meine Wohnung ist nicht besonders groß, aber sie hat einen kleinen Garten. Im Garten kann man grillieren und sich entspannen. Die Wohnung hat zwei Schlafzimmer, ein Wohnzimmer, eine Toilette, ein Badezimmer und eine Küche. In dieser Wohnung lebe ich mit meiner Freundin.

In unserem Garten wachsen viele heiße Schneelöckchen.

Ein Garten bringt viel Arbeit, er muss gedüngt werden. Die Bewässerung nimmt mein Vater allerdings allein vor.

Ich kann meinen Vater nicht beschreiben, weil ich ihn nicht so gut kenne, ebenso meine Mutter und meine Schwester.

Mein Opa ist manchmal ziemlich tatterig. Wenn es im Winter draußen Glatteis hat, geht er nicht mehr hinaus, weil er Angst hat, dass er sich das eine oder andere Glied bricht.

Meine Großmutter, welche auf dem einen Ohr schon lange blind war, starb nach einem kurzweiligen Krankenlager.

Als meine Oma gestorben ist, haben wir von ihr ein geweihtes Omelett geerbt. Das liegt jetzt in einer Vitrine aus Glas, damit nichts rankommt.

Bevor meine Oma gestorben ist, hat sie zu mir gesagt, dass sie auch auf mich aufpasst, wenn sie droben im Himmel ist und sieht, ob ich was Dummes mache. Aber ich weiß nicht, ob man so weit gucken kann. Oma war ja schon arg kurzsichtig.

Nach der Trauerfeier haben wir unseren Opa zur Oma ins Grab gelegt, damit er nicht so alleine ist.

Alle meine Schulkameraden haben zwei Omas und zwei Opas. Aber mir reicht auch von jedem einer.

Der Osterhase hatte sich in diesem Jahr wahnsinnig schwere Verstecke ausgedacht. Obwohl mein Bruder gesucht hat wie verrückt, hat er seine Eier nicht gefunden.

Wenn der Vater zum Wochenende heimfährt, fährt er immer über meine Tante und bringt sie dann als Besuch mit.

Vor 14 Tagen gab es in der Wirtschaft meiner Tante eine Schlägerei wegen einer Kellnerin, die sich auf der Straße fortpflanzte.

Sie hatte ein wahrhaft schönes weißes Kleid und eine Federboa um den Hals.

Das ist ein schönes Ausflugslokal. Es sind immer viele Leute dort an den Wochenenden. Am Muttertag ist der Verkehr besonders stark. Noch mehr Verkehr gibt es dort nur noch am Vatertag, und der ist auch lauter.

Im Nu hatten wir alle Tische im Gasthof besetzt, aber wie wir alle gleichzeitig bestellen wollten, ging der Ober völlig unter.

Von nun an holte er sie stets von der Arbeit ab und bekleidete sie täglich.

Die Brotzeit ist die schönste Zeit für meinen Vater. Und mich lässt er auch einmal riechen.

Der schönste Beruf, den ich mir vorstellen kann, ist Kocher.

Ich esse oft Schissbörger.

Am Sonntag machten unsere Nachbarn ein großes Essen im Freien. Wir waren auch eingeladen. Es war ein schwüler Sommerabend. Die Sterne blinzelten funkelnd herab, die Grillen zirpten um die Wette, die Luft war lauwarm und die Suppe auch.

Meinem Bruder hat es so geschmeckt, dass er seinen Teller zweimal bis an der Rand vollgemacht hat.

Am liebsten lese ich den Sportteil, der montags immer besonders ausführlich ist und alles enthält, was ich am Wochenende im Fernsehen gesehen habe.

Heute bekomme ich zwei Stück Vögel. Einer sieht aus wie Borussia.

Ich war schon dreimal im Krankenhaus. Das erste Mal bekam ich dort die Masern, dann den Mumm und zuletzt die Mandeln.

Ich habe zu Hause ein Fahrrad, das von meiner Schwester abstammt.

Ich glaube, dass die Ehefrau am wenigsten vom Wochenende hat, es sei denn, der Ehemann greift ihr unter die Arme.

Ich habe am Wochenende nichts gemacht. Ich habe faul gelenzt.

Meine Mutter musste als Freiwillige im Wahllokal helfen. Sie stand die ganze Zeit an der Urne und passte genau auf, dass die Leute ihre Sachen ordentlich in ihren Schlitz steckten.

Im Wahllokal machte sich mein Vater an der Liste zu schaffen. Als er endlich wusste, was er wollte, machte er das Kreuz. Dann ging er zu der freundlichen Helferin, die ihm erwartungsvoll den Schlitz öffnete.

Als der Hansi und ich am Freitagabend loszogen, um Äpfel zu organisieren, hat uns der Bauer mitten im Flagranti erwischt.

Die sogenannten Schundhefte hat mir mein Vater gestrickt verboten, weil ich sonst Sachen lernen würde, die er lieber für sich behält.

Karl und ich ließen Drachen steigen und noch manches andere. Meine Schwester schaute freudig zu.

Der Friseur legt mir zuerst ein weißes Tuch um den Hals und drehte mir dann den Kragen um.

Mein Bruder ist vom Baum gefallen und hatte eine Gehirnverschüttelung.

Wir haben auf unserer Tour nicht die Eifel bestiegen.

Gestern waren wir im neuen Porsche-Center. Ein Porsche hat mir besonders gefallen. Er war ganz aus Leder.

Ich brachte den Greis über die Straße und dann um die Ecke.

Er schleppte sich aus dem Haus, damit die Leute nicht merkten, dass er tot war.

Wenn meine Mutter nicht einen Seitensprung gemacht hätte, wäre sie dem Verkehrsunfall zum Opfer gefallen. Aber so kam sie mit einem blauen Auge am Knie davon.

Meine Schwester verbringt unheimlich viel Zeit an ihrem Schminktisch, der voller Fläschchen und Pinsel und so Zeug ist. Hinterher sieht sie toll aus, liftet aber ihr Geheimnis nicht, wie sie das macht.

Meine Schwester ist viel kleiner als ich, obwohl sie meine große Schwester ist. Sie zieht immer Schuhe mit ganz hohen Absätzen an, damit sie stöckelnd über sich hinauswächst.

Ich habe meine Schwester jeden Tag gelöchert, aber sie wollte das Kind nicht aus dem Sack lassen.

Meine Schwester bekam am Bauernhof das schönste Zimmer. Wenn sie auf den Balkon ging, hatte man einen tollen Einblick.

Meine Schwester hat einen italienischen Freund. Er sieht sehr gut aus und ist immer sehr leschär angezogen: offenes Hemd und Hose.

Meine große Schwester hat gesagt, ich soll draußen bloß nicht alles herumerzählen, was bei uns los ist, sonst bekommt unsere Familie einen schlechten Geruch.

Meine Mutter sah mich mit vorwurfsvollem Ton an.

Meine Schwester lügt wie gedruckt. Man kann ihr nicht einmal glauben, was man selbst sieht.

Als ich nach Hause kam, hatte meine Mutter schon alles erfahren und predigte mir eine wütende Gardine.

Ich habe zwei vollständige Eltern. Trotzdem bin ich eine halbe Waise, weil mein richtiger Vater gestorben ist und mein jetziger Vater neu dazukam und mit mir eigentlich gar nichts zu tun hat.

Ich habe Locken, Papa hat Locken, Mama hat nur Haare.

Bei uns hat jeder sein eigenes Zimmer. Nur Papi muss immer bei Mami schlafen.

Meine Mutter ist eine sehr schöne Frau. Man sieht es ihr immer noch an, dass sie einmal jung war.

Meine Mutter ist eine Dame von der Ferse bis zur Zehe.

Meine Mutter kann gut Hemden nähen. Gestern hat sie aus dem Hinterteil von mir einen Hemdkragen gemacht.

Wenn meine Mutter große Wäsche macht, helfen wir ihr, legen sie in einen Korb, tragen sie auf den Speicher und hängen sie auf.

Wenn plötzlich Besuch kommt, wirft die Mutter die ganze Unordnung unter den Diwan. Mein Vater ist manchmal auch dabei.

Seit wir einen Geschirrspüler besitzen, haben wir nicht mehr alle Tassen im Schrank.

Früher hat meine Mutter immer selber geputzt, aber seit ihrem Bandscheibenvorfall kommt jede Woche eine Frau, die uns putzt.

Meine Socken habe ich selber im Bach gewaschen und dann zum Trocknen auf die Wiese gelegt. Als ich sie zum Schluss paarweise zusammentat, ist mir einer abgegangen.

Meine Mama kauft nur Eier vom freilaufenden Bauern.

Meine Eltern kaufen nur das graue Klopapier, weil das schon mal benutzt wurde und gut für die Umwelt ist.

Auch kann man sich eine Toilettenspartaste einbauen. Bei uns wird zum Beispiel nur jeden zweiten Tag gespült anstatt täglich, und eine Spartaste haben wir auch.

Unser Wohnzimmer hat eine giebelförmige Flachdecke.

Meine Schwester ist von weiblichem Geschlecht, was nicht leicht zu übersehen ist.

Meine Schwester schläft für ihr Leben gern, egal wo und bei wem. Vor allem samstag- und sonntagvormittags ist sie lange bettlägerig.

Meine Schwester zieht ein elegantes Kleid an, weil es Sonntag ist. Aber bis zum Abend hat sie sich bestimmt befleckt.

Meine Schwester ist eine sehr erfahrene Reiterin. Sie stammt aus einer Pferdefamilie.

Wichtig sind besonders die Beine, denn damit läuft das Pferd.

Ich wollte schon immer einen Job mit Tieren ergreifen, da ich selbst drei Hunde und zwei Ratten habe und auch reite.

Eigentlich ist es egal, welche Farbe mein neues Fahrrad hat. Hauptsache, es ist blau.

Seit mein Vater gestorben ist, schlägt meine Mutter uns Kinder redlich durch.

Mein Bruder hat sich dann selbstständig gemacht. Als er seine Werkstatt einrichtete, stellte er am Anfang noch so manches als Profisorium hin. Er sagte, man muss nicht sofort perfekt sein, in der Bescheidenheit zeigt sich der Meister.

Meine Schwester ist mit meinem Schwager in einen Neubau gezogen. Dort haben sie sogar ein doppeltes Klo, in dem man sich auch duschen kann.

Mein Großvater hat allen brieflich gedankt, die ihm beim Abbrennen seines Anwesens so eifrig geholfen haben.

Mein Opa ist ziemlich schwerhörig. Aber dafür hört er das Gras wachsen, wie mein Vater immer sagt.

Mein Vater ist Fahrer. Er macht das schon seit zwölf Jahren. Er hat große Erfahrungen im Autobus gesammelt. Deshalb ist er im Verkehr auch ohne Bums und üble Folgen geblieben.

Meine Oma stöhnt immer, weil je steifer der Opa wird, umso mehr muss sie ihn bedienen.

Wenn meine Oma mit meinem Opa gestritten hat, geht sie jedes Mal ins Café und verschafft sich dort mit zwei Stücken Schwarzwälder Kirschtorte Befriedigung.

Mein Bruder und seine Frau wünschen sich dringend ein Kind. Aber bis jetzt haben sie es noch nicht fertiggekriegt. In der letzten Woche haben sie sich von einem Arzt behandeln lassen, und jetzt sind beide guter Hoffnung.

Auch meine Schwester wünscht sich ein Baby, aber sie will sich nicht dabei helfen lassen.

Meine Schwester wurde neulich in die Klinik gebracht, denn alleine hätte sie das Kind nie zustande gebracht. Der Arzt half ihr dabei.

Meine Schwester ist nicht im Krankenhaus gelegen, sondern nur so beim Arzt.

Wir gingen in den Zoo. Es war ein großer Affe im Käfig. Mein Onkel war auch dabei.

Meine Tante hatte so starke Gelenkschmerzen, dass sie die Arme kaum über den Kopf heben konnte. Mit den Beinen ging es ihr ebenso.

Meine Schwester hat immer viele Verehrer. Nach vielem Hin und Her hat sie endlich ihren längsten Freund geheiratet.

Vom Onkel wurde das Schwein in die Scheune gebracht und dort kurzerhand mit dem Großvater geschlachtet.

Auf dem Standesamt geht es sehr feierlich zu. Während ein älterer Mann im Hintergrund leise orgelte, vollzog der Standesbeamte an meiner Schwester die Ehe.

Vor acht Tagen setzte sich meinem Vater ein zahmer Distelfink auf den Kopf. Dieser befand sich gerade auf dem Weg zur Arbeitsstelle.

Unsere Omi ist mit dem Omibus in die Stadt gefahren.

Auf dem Volksfest hat mein Bruder einen Strauß künstlicher Blumen erschossen.

Bei unserem Hund stellte der Tierarzt einen Krebs fest, worauf er torkelte, das Fressen ablehnte, sodass man ihn töten musste.

Es waren fast alle Rassen vertreten. Zur Begutachtung mussten die Besitzer mit ihren Hunden vor die Jury treten, die meisten von ihnen wedelten dabei freudig mit dem Schwanz.

Es gefällt mir gar nicht, wenn in einem alten Film nur tote Schauspieler mitspielen.

Mein Freund Martin ist nicht versetzt worden, weil er zu wenig Sitzfleisch hat.

Auf meiner letzten Geburtstagsfeier haben wir Kopfschlagen gespielt.

Bei uns gibt es noch einen Tante-Emma-Laden, wo der Verkäufer die Wünsche der Kunden persönlich nimmt.

In die Krapfen haben wir dann Löcher gestochen und in die Marmelade reingemacht.

Mein Ring ist ein Unikat – meine Freundin hat genau den gleichen.

Die Massage hat meinem Handgelenk wieder auf die Beine geholfen.

Am Nachmittag sind wir wie die Wilden durch den Wald gefahren. Den Christoph hat es auf einmal über eine Wurzel gerissen und vom Rad geschmissen. Da hatte er einen Kiefernbruch.

Bei einem schlechten Programm leidet schon mal ein Möbelstück unter der Behandlung meines Vaters.

Oft schaltet mein Vater den Flimmerkasten gleich nach Beginn aus. Er sagt, sein Bedarf an Dummheit sei längst gedeckt.

Meine Großmutter benutzt zum Lesen zwei Augengläser einer Brille.

Über unserm Niveau ist letzte Woche eine Kellerwohnung frei geworden.

Am Wochenende ist Papa Sieger bei der Kaninchenschau geworden.

Schüleraufsätze

Wir mussten einen Aufsatz machen. Der Lehrer schüttelte den Kopf. Derselbe war ganz lückenhaft und von Flüchtigkeitsfehlern durchzogen.

Heranwachsende müssen jeden Tag immense Leistungen vollbringen. Die Menge an Dingen, die es auf der Welt zu lernen gibt, ist so groß, dass niemand auch nur annähernd in der Lage ist, sich einen genauen Überblick zu verschaffen. Und dennoch versucht man Tag für Tag aufs Neue, genau das zu tun und Zusammenhänge herzustellen – selbst da, wo es sie überhaupt nicht gibt.
Die Aufsätze in diesem letzten Kapitel wurden in dieser Form nie geschrieben. Vielmehr entstanden sie aus einer recht willkürlichen Zusammenstellung verschiedener Schülerzitate. Einen tieferen Sinn ergeben sie möglicherweise nicht, aber sie zeigen zumindest eines: Das Leben kann ungemein erheiternd sein, wenn man es einmal aus einem anderen Blickwinkel betrachtet.

Bei uns zu Hause

An einem 17. November hat die Welt mein Licht erblickt.

Meine Eltern haben lange geheiratet, bevor ich auf die Welt kam. Sie haben damals noch ganz wenig Geld gehabt. Aber dann hat mein Papa auf mich gespart, und an meinem Geburtstag hat es dann auch geklappt.

Meine Mama hat ein Baby im Bauch, aber ich weiß nicht, wie sie das runtergeschluckt hat.

Mein Papa ist Wassermann und meine Mutter ist Wasserwaage. In Berlin geboren, hat sie ihre Wiege nie verlassen.

Meine Mutter ist die einzige Busfahrerin im städtischen Fuhrpark. Sie ist völlig unfallfrei, denn es ist ihr noch nichts Gefährliches ins Fahrgestell gekommen, weil sie immer aufpasst beim Verkehr.

Mein Vater ist ein unfallfreier Taxifahrer, dem auch von fremder Seite noch nie jemand ans Blech ging. Später werde ich mir auch eine Konzeption geben lassen und mein Geld im Sitzen verdienen. Mein Vater schimpft immer, wenn er wieder Stauungen im Verkehr hatte.

Mit meinem Vater haben wir viel Spaß. Er hat immer einen lustigen Scherz auf den Lippen. Er lacht auch, wenn ihm Sorgen auf den Nacken drücken. Dann ist er ein richtiger Galgenhumorist.

Ich habe eine ältere Schwester, die ist schon wie eine echte Frau, äußerlich ist wenigstens alles da. Deshalb hat sie ein eigenes Zimmer. Ich und mein Bruder Werner sind Brüder, man kann fast schon sagen: Geschwister.

Mein Bruder verdient sich nebenher manchen schnellen Euro, indem er in der ganzen Nachbarschaft bei suchenden Frauen für die abwesenden Männer einspringt und kurz zupackt.

Mein Vater schimpft immer mit meinem Bruder, dass er sein ganzes Geld sinnlos verprasst, obwohl er gar keines hat.

Nach dem Rasieren reibt sich mein großer Bruder mit After-Schaf ein. Das stinkt furchtbar.

Den abrasierten Schnauzer meines Bruders sieht man kaum.

Meine große Schwester hat im Frühling ein Baby bekommen. Es ist ein kleines Mädchen. Sie hat sich sehr darüber gefreut, und nun singt sie ihr jeden Abend Lieder vor, um sie einzuschläfern.

Auch meine zweite Schwester ist ein Mädchen.

Ihre Nase unheimlich stups. Sie ist noch so klein, dass sie noch gar kein richtiger Mensch ist. Sie liegt den ganzen Tag herum und brüllt die ganze Zeit. Mehr ist dazu nicht zu sagen.

Mein kleiner Bruder ist schon abgestillt. Jetzt muss er noch abgeflascht werden. Er ist erst drei Jahre alt, aber er wird laufend älter.

Weil meine Mutter arbeitet und meine Oma nicht mehr selber kochen kann, bekommt sie jetzt Essen auf Rädern. Ihr schmeckt das Essen, und manchmal bekommt sie sogar Wiener Schnitzel auf Rädern.

Ich habe meine Oma sehr lieb. Damit ich sie immer bei mir habe, habe ich sie neben meinem Bett an die Wand genagelt. Manchmal, wenn ich sehr allein bin, nehme ich sie herunter und lege sie neben mir auf das Kopfkissen.

Obwohl meine Oma schon über 84 ist, ist sie glücklich und in guter Hoffnung, und sie will beides noch lange sein.

Ich habe nur noch einen Opa. Mein anderer mütterlicherseits verschlief ganz unerwartet im letzten Jahr. Gleich nach seinem Tod ist meine Oma Witwe geworden.

Bei Ausbruch des Krieges musste mein Opa ins Feld. Eine Schädelverletzung ermöglichte ihm dann das juristische Studium.

Mein Opa ist schon in Rente und macht keine Geschäfte mehr, und wenn er mal eins macht, dann sind es Tropfen auf einem heißen Stein.

Wenn man zu arbeiten aufhört, geht es mit dem Altwerden immer weiter bergab. Erst ist man Rentner, dann Senior und zuletzt Greis. Manche werden noch älter. Man nennt sie dann Tattergreise.

Wir haben auch einen Hund. Er ist sehr nett. Er frisst alles, besonders liebt er kleine Kinder.

Während wir zum Essen am Tisch sitzen, muss unser Boxer brav darunter bleiben und darf nicht betteln. Aber nachher geht er mit Mutter in die Küche und frisst die Reste von ihr.

Als unser Hund neulich nachts zu bellen anfing, ging meine Mutter hinaus und stillte ihn. Die Nachbarn hätten sich sonst aufgeregt.

Über uns wohnt ein alter Rentner. Er befindet sich Tag und Nacht in einem dunkelgrünen Anzug, der nicht einmal sonntags zur Ruhe kommt. Er redet mit niemand, dafür umso mehr mit sich selbst.

Wenn unser Nachbar morgens betrunken nach Hause kommt, so zieht er sich im Treppenhaus aus und gibt ähnliche Laute wie eine Kuckucksuhr von sich. Damit stört er die Ruhe und die richtige Uhrzeit im Haus.

Zu Weihnachten habe ich eine Autorennbahn gekriegt mit ferngesteuerten Rennwagen. Mein Vater war genauso scharf darauf wie ich, einen fahren zu lassen. Meine Mutter hat nur den Kopf geschüttelt.

Meine Tante schenkte mir eine Sparbüchse. Sie war ein Schwein. Sie hatte zwei Schlitze. Hinten einen fürs Papier und vorne fürs Harte.

Mein Onkel ist Chirurg in einem Krankenhaus. Zum Operieren braucht er Kontaktlinsen. Eine andere Möglichkeit wäre, dass ihm eine sterile Schwester ständig die Brille auf- und absetzt.

Seit der Trennung meiner Tante von meinem Onkel wurde jeder notwendige Verkehr durch ihren Rechtsanwalt erledigt.

Ich kriege bloß fünf Euro Taschengeld in der Woche. Diese Summe kommt nicht mit mir aus.

Natürlich will ich von meiner Familie ausziehen, sobald ich erwachsen bin. Aber dass ich dann nicht so allein bin, werde ich mich mit meiner ganzen Liebe auf meine Freundin legen.

Über Frauen und Männer

Mann und Frau heiraten, um ein Kind zu gründen. Wer heiraten will, muss gesund sein und verschiedenerlei Geschlechter haben.

Kinderunfälle entstehen meistens durch unvorsichtiges Spielen an gefährlichen oder verbotenen Stellen.

Wenn ein Baby im Bauch tritt, wird es ein Fußballer, wenn es boxt, wird es ein Boxer, und wenn es gar nichts macht, wird es bloß ein Mädchen.

Ein Mann hat viele weibliche Eigenschaften in sich und eine Frau männliche. Aber äußerlich sind sie trotzdem verschieden, und das wird wahrscheinlich auch so bleiben.

Mein Vater sagt, er glaubt nicht, dass er das lange durchhält.

Unfair finde ich, dass Frauen nicht arbeiten brauchen. Die sitzen nur in der Wohnung und kümmern sich um die Kinder. Wenn der Mann dann nach Hause kommt, fangen sie Streit an.

Man muss jemanden finden, der die gleichen Sachen mag. Wenn du gerne Fußball hast, muss sie auch mögen, dass du gerne Fußball hast, und dann die Chips und das Bier bringen.

Wenn du eine Frau küsst, musst du sie heiraten und mit ihr Kinder haben. So ist das eben.

Aber die Ameisen und Wildschweine machen auch eine gewisse Sache. Diese sind den Menschen um vieles näherstehend.

Wenn ein Mann und eine Frau sich verlieben, lügen sie sich zuerst ein bisschen an, damit sie sich auch füreinander interessieren.

Beim ersten Rendezvous sagen sie sich interessante Lügen, dadurch sind sie dann bereit, ein zweites Rendezvous zu haben.

Man muss der Frau sagen, dass sie schön ist, auch wenn sie aussieht wie ein Lastwagen.

Ich heirate später mal die Mama. Eine fremde Frau will ich nicht.

Über Männer und Frauen

Der Mann ist egoistisch und rücksichtslos, denn er sitzt in der Mitte des Sofas.

Eine Ehe schließt man auch, um Kinder zu haben. Aber oft sind auch erst die Kinder da, unter deren Druck dann die Ehe zustande kommt.

Bevor eine Frau heiratet, sollte sie erst mal ihr eigener Herr in ihren eigenen vier Wänden sein, dann kann sie hereinlassen und rausschmeißen, wen sie will und wann sie will.

Die Frauenbewegung hat es fertiggebracht, dass das Geschlecht kein Hindernis mehr ist.

Die Frauen nahmen sich jetzt alle Rechte und erkämpften sich auch neue. Dadurch nahmen sie in den letzten Jahren an Gewicht zu.

Emanzipierte Frauen tanzen nicht mehr nach der Pfeife der Männer, sondern machen ihre eigenen Seitensprünge.

Die Feministinnen wollen erreichen, dass in der Ehe die Männer und Frauen die gleichen Funktionen haben.

Die Gleichberechtigung hat die Frau den Männern völlig gleich gemacht. Aber an vielen Stellen gibt es noch immer erhebliche Unterschiede. Im Laufe der Zeit wird das sicher auch noch verschwinden. Man muss nur fest daran arbeiten.

Die Rendezvous sind da, um sich zu amüsieren, und die Leute sollten diese Gelegenheit nutzen, um sich besser kennenzulernen. Sogar die Jungs haben irgendetwas Interessantes zu sagen, wenn man ihnen lange genug zuhört.

Wenn ich einmal verheiratet bin und es sich so ergibt, dass ich ein Kind kriege, ist es am besten, wenn mein Mann Hausmann ist und ich die Arbeiterin.

Mein zukünftiger Mann soll etwas groß und normal sein. Ich will, dass mein Mann 60 Kilo wiegt. Und wenn ich arbeiten muss, muss er auch arbeiten gehen.

Ein Mann sollte erst heiraten, wenn er genug Geld verdient, um sich auch andere wichtige häusliche Gegenstände anzuschaffen.

Das beste Alter zum Heiraten ist 23, weil du da deinen Ehemann schon mindestens zehn Jahre kennst.

Urlaub auf dem Bauernhof

In den Ferien machen wir immer Urlaub am Bauernhof. Dass der Sommer da ist, merkt man dort vor allem daran, dass sich die Leute dauernd vermehren.

Wenn man zur richtigen Zeit bei den Sennerinnen eintrifft, bekommen die müden Wanderer was von ihrer Milch. Gegen Geld natürlich.

Mein Vater freut sich da immer auf die frische Kuhmilch. Die kann ihm Mutter natürlich nicht bieten.

Meine Mutter hat den ganzen Tag im Garten gearbeitet. Vor allem hat sie sich um das viele Unkraut gekümmert, das ihr ziemlich zu schaffen machte. Als es dunkel wurde, hatte sie alles ausgezogen.

In der Umgebung des Hofes gibt es die Möglichkeit zu mehreren Ausschweifungen.

Die Bauern haben es da besser als die Großstädter. Sie können ihr Geschäft meistens in der freien Natur erledigen. Wir in der Stadt müssen dazu U-Bahn, die Straßenbahn und den Bus benutzen.

Die Rindviecher sind die wichtigsten Tiere des Bauern. Sie bestehen aus dem Stier, der Kuh, dem Ochsen und dem Kalb. Das Kalb ist das jüngste und wird meistens geschlachtet und heißt dann Schnitzel.

Kühe sind heutzutage nicht mehr so wichtig wie früher, vor allem in den Großstädten. Hier gehen wir in den Supermarkt und holen uns Milch im Karton. Die ist außerdem noch hygienischer.

Die Einnahmen aus der Tierhaltung sind deshalb stark zurückgegangen. Mit dem Tod des Bauern ging das letzte Rindvieh vom Hof.

Die Pferde konnten wir leider nicht sehen, da sich die Hengste und die Gestütsarbeiter gerade von ihrer Arbeit auf den Deckstationen erholten.

Nun muss ich aber Schluss machen mit dem Aufsatz, denn der Lehrer hat gesagt, wir sollten nicht zu viel schreiben, sonst müsse er zu viel korrigieren.